Hanna Ahrens

Und manchmal liegt im Abschied ein Geschenk

Hanna Ahrens

Und manchmal liegt im Abschied ein Geschenk

ABCteam-Bücher erscheinen in folgenden Verlagen:
Aussaat-Verlag Neukirchen-Vluyn
R. Brockhaus Verlag Wuppertal und Zürich
Brunnen Verlag Gießen und Basel
Christliches Verlagshaus Stuttgart
Oncken Verlag Wuppertal und Kassel

5. Auflage 1998

Vignetten: Hanna Ahrens
Umschlaggrafik: Thomas Vogler
Umschlaggestaltung: Ralf Simon
Satz: Typostudio Rücker & Schmidt, Langgöns
Herstellung: Ebner Ulm
ISBN 3-7655-3981-3

Laß dein Antlitz
mit uns gehn,
bis wir ganz im Lichte stehn!
Otto Riethmüller

Nimm auch Kraft aus Verlusten …
Auch Verluste, indem sie berauben,
lassen etwas, das vorher nicht da war, zurück.
Verluste sind Linsen,
durch welche man schärfer erblickt …
Es ist freilich nur halblaut zu sagen,
denn vor Verlieren zittern wir alle.
Erhart Kästner

Inhalt

Zu diesem Buch 9
Liebe Tochter, du bist ein Schlingel! 10
Das Ende einer Karriere? 16
Noch einmal in Bongu 18

Das Abschiedswort 23
Ein Tag geht zu Ende 24
Gott – eine Theorie? 27
Die Feuersäule 29
Ich habe mir nichts vorzuwerfen 32
Eine Illusion und nichts weiter? 36
Vorzeitiger Abschied 44
Die Fest-Folge 46
Am Ende einer Kreuzfahrt 50

Wenn Weihnachten vorbei ist 57
Nach dem Winter 60
Die Pappel an der Asphaltstraße 61
Zuckerguß und Osterfarben 65
Trittbrettfahrer 68
Danke für zwanzig Jahre Wohnen! 71
Grüne Haare – na und? 74
Der Abschiedsbrief 77
Ich finde keinen Anfang 80

Ein Abschied wie immer 83
Feindschaft und kein Ende? 86
Amting 88
Sein Abschiedsgeschenk 90

Ein klein wenig Kresse 93
Es hat alles sein Gutes – selbst Abschiede 97
Wir Rentner 102

Zu diesem Buch

Abschiede, viele Abschiede, immer wieder.

Manchmal mit Tränen und Melancholie, mit Schmerz, der verstummen läßt. Dann wieder voller Neugier und Freude auf das Kommende. Erlittene Abschiede und selbstvollzogene Trennungen. Die Kinder gehen aus dem Haus. Neue Wege liegen vor ihnen und vor uns. Gemeinsam hoffen wir auf gute Tage.

Es gibt den Abschied von einem Land, von einer Lebensphase. Eine Reise, eine Jahreszeit, ein Tag gehen zu Ende.

Und immer wieder Abschiede von Menschen, die für eine Zeit oder für immer von uns gehen.

Manchmal lassen sie uns ein Geschenk zurück, das uns nun begleitet: ein Wort, einen Segen.

Abschiede erleiden, Abschied nehmen – anders gibt es Leben nicht. Wir können nichts festhalten: keine Menschen, keine Dinge, weder Zeit noch Glück. Aber alles Vergangene und Vergehende will Gott in seine Hände nehmen. Und in dem, was kommt, will er mir begegnen.

Wage ich das zu hoffen? Und glaube ich, daß immer wieder neuer Segen bereitliegt? Daß ich vertrauensvoll den neuen Tag beginnen kann, weil Gott verheißen hat:

„Gedenkt nicht an das Frühere,
denn siehe, ich will ein Neues schaffen.
Jetzt wächst es auf.
Erkennt ihr's denn nicht?
Ich mache einen Weg in der Wüste
und Wasserströme in der Einöde."

Jesaja 43,18-19

Liebe Tochter, du bist ein Schlingel!

28. September

iebes Kind! Verzeih diese Anrede, aber ich weiß ja noch nicht, ob du ein Junge oder ein Mädchen bist. Wohl eher ein Mädchen!

Eigentlich hast du schon allerhand erlebt. Um die halbe Welt bist du geflogen: von Papua Neuguinea nach Deutschland in den Heimaturlaub und zurück. Und nun der Acht-Stunden-Flug nach Sydney, weil die Ärzte damit rechnen, daß du gleich nach der Geburt einen Blutaustausch brauchst.

Von all den Reisen weiß ich inzwischen, was du nicht magst: die Landung von Flugzeugen und holprige Straßen. Aber du magst es auch nicht, wenn ich Schokolade oder saure Gurken esse, Kohl oder Zwiebeln.

Inzwischen sind wir im Konvent der Franziskanerinnen angekommen. Das winzige Heizöfchen „Speedie" – manche heißen auch „Gloria" – wird dafür sorgen, daß wir hier im Dachzimmer nicht frieren. Denn in Australien ist jetzt Frühling. Morgen wollen wir uns Sydney ansehen und den Taronga-Zoo mit den Känguruhs und den Koalabären. Ich kaufe dir einen aus Fell zum Spielen! Der Wind heult um das riesige Haus, wir werden schnell einschlafen. Gute Nacht, mein Schatz!

10. Oktober
Inzwischen waren wir beim Arzt. Er sagte, du hättest dich gedreht und würdest jetzt mit dem Kopf nach unten liegen. Gut gemacht, kleine Tochter!

Aber weil wir so viel herumgelaufen sind, werden wir ein paar Ruhetage einschalten und im Konvent bleiben. Dort findet gerade eine Tagung statt. Wir werden uns also in theologische Debatten werfen und unseren protestantischen Standpunkt vertreten, okay? Von wegen: Luther konvertierte nur wegen einer Nonne, die er heiraten wollte! Die Reformation – eine Love-Story! Das geht zuweit! Findest du nicht auch?

Aber natürlich werden wir uns ruhig verhalten. Aufregung schadet. Und du sollst ja noch wachsen – einen ganzen Monat lang.

15. Oktober
Hast du es gemerkt? Wir sind im Hospital. Die Wehen kamen so oft und regelmäßig, daß alle dachten, es gehe nun los. Aber dann warst du wieder ruhig.

„False alarm!"

So dürfen wir morgen wieder nach Hause. Vorher werden wir noch in der Stadt einkaufen – spanische Seife und einen neuen Lippenstift (solch eine Mutter hast du!) und weiter warten. Im Moment tobst du herum, als übtest du Diskuswerfen. Warte doch noch damit! Es zieht und ziept an jedem Muskel. Außerdem habe ich heute Heimweh. Heimweh nach deinen drei Geschwistern: Johannes, Susanne und Micha. Und vor allem nach deinem Vater, der nicht hier sein kann, weil er als Missionar seine Arbeit tun muß. Gestern haben wir mit ihm telefoniert. Er liebt dich und freut sich schon auf dich!

17. Oktober
Inzwischen – ist dir das aufgefallen? – wohnen neben uns zwei alte Damen: rote Lippen, rote Hüte, rote Taschen, rote Schuhe. Die Haare weiß, alles andere ist grau. Sie sind zu einer Retraite

gekommen. Zwei leibliche Schwestern, die nichts mehr fürchten, als daß du nachts geboren werden könntest, und mir versichern, sie könnten in keiner Weise helfen – außer zum Telefon zu laufen und ein Taxi zu rufen. Immerhin!

Unsere Zimmer sind nur durch Vorhänge getrennt. So hören wir ihr Tuscheln und Rascheln, wenn sie Pfefferminzbonbons essen. Dreimal am Tag streckt sich eine Hand durch die Spalte des Vorhangs: „Would you like a mintie?"

Aber leider kann ich deinetwegen nichts Süßes essen. Doch ab und zu nehme ich den Bonbon, um nicht unhöflich zu sein.

Und wir sind ja auch nicht immer im Konvent. Manchmal, wenn deine Mutter die in jeder Nische aufgestellten Heiligenfiguren mit ihrem steinernen oder hölzernen Lächeln nicht mehr erträgt, fährt sie mit dir in die Stadt. Denn selbst in der Küche auf einer alten Mixmaschine steht – zierlich und verträumt – eine Madonna. Ein Heiliger hockt auf einem Gewürzschrank – dort stört er nicht. Ach ... vielleicht ist uns nur der Sinn dafür verlorengegangen, daß wir überall Schutz und Hilfe brauchen und daß es gut ist, die Helfer auch zu sehen und anfassen zu können. Wir beide haben nur unsichtbare Schutzengel. Aber was hältst du davon, daß selbst der Hebel am Spülkasten im Bad als Engelsflügel gestaltet ist? Oder habe ich schon Halluzinationen? Sind es vielleicht nur drei Finger einer Hand, die anzeigen sollen, in welche Richtung der Hebel zu betätigen ist? Nach rechts nämlich? Darunter klebt allerdings ein Schild: „Turn left only!"

Laß uns also in die Stadt fahren! Ich möchte in irgendeinem Straßencafé einen ganz gewöhnlichen Kaffee trinken, und dann werde ich wieder völlig normal sein.

Denke bitte nicht, daß ich nicht gerne im Konvent wäre. Die Schwestern sind liebenswürdig, aufmerksam und haben besonders an dir ein großes Interesse. Wir könnten es nirgendwo besser haben. Nachher werde ich noch Fotos von der Harbour-Bridge und dem Opera-House machen, damit du später weißt, wo du deine ersten Lebenstage verbracht hast. Solch ein Panorama können dir deine Eltern nie wieder bieten!

20. Oktober
Liebe Tochter! Ich werde immer sicherer, daß du ein Mädchen bist. Aber vor allem bist du ein Schlingel! Wir sind jetzt zum dritten Mal mit falschen Wehen im Krankenhaus. Man hält uns dort für hysterisch!

Sei bitte nicht so ungeduldig und mache dich erst bemerkbar, wenn es soweit ist, ja?

Nur *eine* Frau ist glücklich über uns, eine Medizinstudentin. Sie sagt jedesmal: „Wie schön, daß Sie wieder da sind. Ich schreibe nämlich meine Doktorarbeit über falsche Wehen."

Und dann preßt sie uns ihr kaltes Hörrohr auf den Bauch. Tut dir das auch weh? Sie horcht und fragt und schreibt und möchte, daß wir noch einmal kommen. Ich habe ihr gesagt, ich käme jetzt nur noch mit dir unter dem Arm!

24. Oktober
Mein Schatz, seitdem nun feststeht – deine Familie in Neuguinea hat es so beschlossen –, daß du Benjamin heißen sollst, könntest du doch eigentlich kommen. Bedenke: Heute in zwei Monaten ist Weihnachten! Da gibt es Marzipan! Außerdem geben dein Vater und ich sonst ein Vermögen aus für Porto und Telefon.

Und was sollen wir noch dort oben in dem Dachzimmer? Alle Jahrgänge von Reader's Digest sind gelesen. Und mit den alten Damen habe ich alle die „entzückenden" Geschichten der englischen Königsfamilie (abgedruckt in „The Australian Women's Weekly") besprochen.

Worauf warten wir noch? Du lehrst mich eine große Lektion Geduld, aber ich bin eine schlechte Schülerin. Andererseits schenkst du mir viel Zeit – wann habe ich je Tage und Wochen für mich selbst gehabt – und die Gelegenheit, den australischen Lebensstil kennenzulernen. Sagt beispielsweise jemand von einer Musik: „Isn't that beautiful?", so antwortet man: „Lovely indeed!" Dasselbe gilt dann auch für das Wetter, für ein Essen, für Landschaft und Kunst, einschließlich Opernhaus, das ich nach wie vor häßlich finde. Aber es ist schön, dort draußen an den Tischen zu sitzen, eine Limonade zu trinken und auf das Wasser zu gucken.

30. Oktober

Liebes Kind, wir werden wohl auch das Reformationsfest noch auf diese Weise zusammen feiern! Wir könnten ja in einen lutherischen Gottesdienst gehen. Was hältst du davon? Die Orgeltöne müßtest du eigentlich hören. Du in deiner dunklen Höhle des Traums und ich in meiner Ungeduld – es wird uns beiden guttun!

31. Oktober

Es gab keine Orgel. Nur ein asthmatisches Harmonium. Immerhin, es war schön, einmal wieder bekannte deutsche Melodien (zu englischen Texten) zu singen: „Ich freu mich in dem Herren ..." und „Ein feste Burg ..."

Die Predigt bestand im wesentlichen aus Bekehrungsgeschichten irgendwelcher Männer in Rollstühlen. Aber da hier die Obstläden auch sonntags geöffnet sind, habe ich reife Birnen gekauft, und dann sind wir mit dem Taxi zurückgefahren. Jedenfalls ist mit diesem Tag der Oktober zu Ende, und dein Kommen wird immer unausweichlicher.

3. November

Liebe Isabelle, heute morgen – vier Minuten nach sieben – hat nun dein eigenes kleines Leben begonnen. Sie gaben dich mir gleich, ungewaschen, noch ganz voller Käseschmiere. Verzeih mir, aber das mochte ich nicht.

Jetzt, sechs Stunden später, sauber und angezogen siehst du sehr niedlich aus mit deinen winzigen schwarzen Locken. Rund und rosig, neun Pfund schwer. Unser Warten hat sich gelohnt, du kleiner vollkommener Mensch! Bleib so schön! Und: Herzlich Willkommen in dieser Welt, jetzt in Australien, in Neuguinea dann und später in Deutschland.

Du hast kleine Wimpern und lange Fingernägel, morgen schneide ich dir die Nägel! Gerade eben bekommst du die ersten Blumen deines Lebens – von einem Herrn, deinem Vater aus Neuguinea. Er hatte die Schwestern gebeten, einen Strauß zu kaufen – so groß, daß man ihn nur mit zwei Händen halten kann: Löwenmaul und Phlox, Orchideen und Gladiolen. Du hast die Augen schon aufgemacht, aber das Licht ist dir zu hell.

Schlaf noch ein wenig, kleine Tochter. Deine Mutter ist auch müde.

Du hast nun dein eigenes Bett. Wir sind jetzt nicht mehr eins, sondern zwei. Ein erster Abschied! Aber wie schön, daß wir uns nun immer ansehen können – stundenlang.

„Herr, wie wunderbar ist deine Schöpfung. Und dieser kleine Mensch, wie vollkommen ist er. Ich danke dir."

Das Ende einer Karriere?

ehr als sechs Wochen war ich damals in Sydney. Ich wartete auf Isabelles Geburt, aber sie ließ sich Zeit, und so gab sie mir Zeit, die Stadt und ihre Menschen kennenzulernen. Es ergaben sich auch Kontakte zur deutschsprachigen Gemeinde.

Der alte Pastor und seine Frau luden mich manchmal zum Lunch ein. Er erzählte von seiner Arbeit, von seinen Reisen und Vorträgen in der Umgebung. All das war ihm ein Vergnügen. Er liebte die Menschen, und sie liebten ihn. Fast jeder kannte ihn. Er kam in die Häuser, und er wußte, wer es schwer hatte. Da saß er dann oft nächtelang und hörte zu. Und wenn er ging, blieb etwas von dem Licht zurück, von dem er selbst lebte. Solche Besuche und Gespräche waren sein Leben. An seine Pensionierung, die kurz bevorstand, dachte er noch gar nicht. Sie würde auch nichts ändern, meinte er … „Außer, daß ich dann noch mehr Zeit habe für Besuche."

Als ich am folgenden Sonntag zum Gottesdienst kam, war Pastor Schäfer nicht da. Ich spürte die gedrückte Stimmung und fragte. Der Pastor sei im Krankenhaus. Ein Schlaganfall, ganz plötzlich! Ja, man dürfe ihn besuchen …

Die Schwestern sagten: „Gehen Sie ruhig hinein, aber er kann nicht sprechen, kein Wort. Nur damit Sie es wissen!"

Ein Blumenstrauß überbrückte meine Hilflosigkeit. Ich lächelte, und er, dessen Gesicht leicht verzerrt war, lächelte zurück. Seine rechte Seite war gelähmt und vor allem das Sprachzentrum. Nun, nach ein paar Tagen, konnte er den Arm schon ein wenig heben, aber weder sprechen noch schreiben. Er konnte sich also gar nicht mitteilen, keine Wünsche und Bitten äußern, sich nicht bedanken. Und – was am schwersten für ihn sein mußte – er konnte nicht mehr von dem reden, was sein Leben ausmachte, nämlich den Menschen zu sagen: „Gott sucht dich! Er liebt dich und wartet auf dich! Komm doch ..."

War seine Krankheit das Ende von allem und ein Zeichen, daß Gott ihn nicht mehr brauchte? Und waren solche Gedanken nicht schlimmer als körperliche Behinderung? Die Ungewißheit, ob dieses Stummsein jemals wieder aufgehoben würde, ob er einmal von dem erzählen könnte, was Gott ihm genommen und was er ihm neu geschenkt hatte?

Pastor Schäfer hätte an diesem Sonntag über den Text aus 2. Korinther 12 predigen sollen: „Darum will ich mich am allerliebsten rühmen meiner Schwachheit, damit die Kraft Christi in mir wohne. Denn wenn ich schwach bin, so bin ich stark."

Und nun: Kein einziges Wort konnte er sagen. Aber wie er nun so dasaß in seinem Bett, heiter und gelassen, seine Besucher empfing, ihnen zuhörte, nickte und lächelte, das war für mich eine viel stärkere Predigt, als Worte es hätten sein können.

Christus sprach durch den Mund eines Stummen. Er sagte: „Meine Gnade ist genug für dich. Die Kraft kommt in der Schwachheit zur Vollendung."

Als ich wieder im franziskanischen Konvent war, wo ich damals wohnte, schrieb ich ihm einen Brief. Er konnte ja ein wenig lesen, und ich wollte, daß er erfuhr, wie Gott auch seine stummen Boten gebraucht. Es mußte ihn doch freuen.

Viel später erfuhr ich von seiner Frau, daß er wieder zu Hause sei, ein wenig gehen und auch etwas sprechen könne; halbe Sätze nur, schwierige Wörter nicht. Das Auto hätten sie verkauft. Sie brauchten es nicht mehr. Die Menschen kämen nun zu ihm, und er hörte ihnen zu – nächtelang.

Noch einmal in Bongu

evor wir Papua Neuguinea nun nach sieben Jahren verlassen, fahren wir mit unseren Kindern (zwei, vier, sieben und zehn Jahre alt) im Landrover noch einmal zur alten Missionsstation, um Abschied zu nehmen.

Abschied von der langen braunen Holzbaracke, die jetzt leersteht, und vor allem von den Menschen des kleinen Küstendorfes Bongu, wo wir vor fünf Jahren gelebt haben.

Gut sechs Stunden brauchen wir für die dreihundert Kilometer von Goroka im östlichen Hochland bis zur Küste. Die Straße ist stellenweise geriffelt wie ein Waschbrett. Weil es längere Zeit nicht geregnet hat, bewegen wir uns – in Staubwolken gehüllt – hinter den Lastwagen her, Kurve um Kurve, bis es eine Möglichkeit zum Überholen gibt.

Als wir den Kassam-Paß hinter uns haben, tauchen wir ein in die feuchte Hitze der Küstenlandschaft. Gegen Abend sind wir im Dorf. Die Flüsse, die wir durchqueren, haben kaum Wasser. Die neue Straße nach Bongu ist holprig, aber jetzt in der Trokkenzeit befahrbar, das Kunaigras zu beiden Seiten oft höher als unser Auto.

Jetzt in der Dämmerung, die nur eine halbe Stunde dauert, kommen die Bongus und Laloks aus ihren Gärten zurück. Immer wieder halten wir an und reden ein paar Sätze.

Auf der Station ist alles unverändert. Wir zünden eine mitgebrachte Petroleumlampe an. Das Haus steht jetzt leer. Es gibt nur noch Betten, Stühle und Tische.

Der kleine dunkelgrüne Tisch wackelt immer noch. Aber die Eimerdusche funktioniert, alles andere ist unwichtig. Zuerst den feinen Staub aus Augen, Ohren, Nase und Mund waschen, dann ist man wieder Mensch.

Die Hitze läßt nur langsam nach. Ich hatte vergessen, wie angenehm Sandalen sind, in die man den Fuß nur hineinschiebt, und Kleider, die vorn zugeknöpft werden, die man nicht über den Kopf ziehen muß. Die Luft ist auch jetzt noch klebrigschwül.

Wir leben so einfach wie möglich: Tee, Kaffee, Milchpulver, Salzkekse, Cornflakes und Reis. Etwas Dosenfleisch, Zucker und Salz, das reicht für ein paar Tage. Der Zitronenbaum vor der Küchentür ist abgeerntet. Die Mangos sind noch nicht reif. Aber vielleicht verkauft uns jemand ein paar Bananen.

Der Lebensrhythmus an der Küste ist langsam. Nichts eilt. Man sitzt und döst und wartet. Alle Bewegungen sind langsam. Unglaublich, wieviel wir trinken! Wie kühl die Kokosmilch ist, man könnte lange Zeit nur davon leben.

Vom Stationshügel sehen wir über Hibiskushecken und Palmen hinweg auf den Pazifik. Wir hören die Brandung, den langsamen gleichmäßigen Schlag der Wellen. Und bei Einbruch der Dunkelheit dann das Kreischen und Rufen der Vögel. Ihre Laute sind so hart wie das Gras und die Blätter. Sie durchschneiden die Luft, die stillzustehen scheint. Dann setzen die Grillen ein, schrill und monoton bis zum Morgen.

Im Haus: Das Zischen der Petroleumlampe und ihr Geruch füllen den Raum. Fliegende Ameisen und kleine Insekten schlüpfen – vom Licht angelockt – durch die Löcher der Fliegendrahtfenster, an denen helle Eidechsen, Geckos, sitzen, die auf ihre Beute warten. Sie sind fast durchsichtig. Man sieht, wenn sie Eier in ihrem Bauch haben.

Am nächsten Tag besuchen wir Familien in der Umgebung. Wenn man die schmalen Pfade geht, gibt es nur das Geräusch der Arme, die das Kunaigras streifen, und das glucksende Geräusch des Wassers in den Turnschuhen, wenn wir durch einen Bach gewatet sind. Es dauert eine Zeit, bis das Wasser wieder herausgelaufen ist und die Schuhe vom Gehen und von der Hitze halbwegs trocken sind.

Vereinzelt hören wir Vögel und Grillen, deren Laute plötzlich abbrechen. Keiner redet. Es ist heiß. Wir gehen hintereinander her, immer wieder tragen wir Isabelle und Micha ein Stück. Die großen Kinder, Johannes und Susanne, laufen ohne zu klagen. Auf jeden Schritt achten wir, denn im Kunaigras gibt es Schlangen, deren Biß tödlich sein kann.

Am Sonntagmorgen gehen wir ins Dorf zum Gottesdienst. Wie immer fängt er mit Verspätung an. Es kommen nur drei Männer und ein paar alte Frauen. Die Lehrer haben eine Handvoll Schulkinder geschickt, ohne selbst zu kommen. Deutlicher können die Bongus nicht sagen, daß Gottesdienst ihnen nichts bedeutet.

Wir fragen: „Ist das immer so?"

„Ja, es ist immer so. Der Pastor, den wir haben, redet so – und lebt anders. Wir glauben ihm nicht, wenn er predigt. Wenn wir noch einen Missionar hätten, wäre das anders!"

Aber es sind dreiundzwanzig Missionare vor uns in Bongu gewesen. Eine Missionsgeschichte von hundert Jahren liegt hinter ihnen. Die Missionarsgräber sind von Farnen und Schlingpflanzen überwuchert, die Schrift auf den Grabsteinen kaum mehr lesbar. Einige haben Frauen und Kinder nach wenigen Wochen hier begraben, damals, als es noch kein Chloroquin gegen Malaria gab.

„Vielleicht", sagen sie, „sollten wir einen Vervielfältigungsapparat haben. Dann könnten wir Gemeindeprogramme drukken und Leute einladen. Viele würden kommen!"

„Meint ihr, daß sie kommen?"

„Ach nein! Les i karamapim ol – Die Trägheit bedeckt sie. Unlust und Trägheit, alles ist lahm."

„Wie kommt das?"

„Wir haben viel von Gottesdienst, Opfer und Gebet erwartet. Aber es ist nichts dabei herausgekommen!"

„Nichts?"

„Doch. Aber nichts, das man sehen oder anfassen kann. Nichts, was unser Leben besser oder anders gemacht hätte. Wir sind umsonst zur Kirche gelaufen! Bei euch Weißen ist das anders! Gott belohnt euch mit guten Dingen! Ihr habt Kleider, Schuhe, Essen, Häuser, Autos. Ihr habt alles! Ihr seid nie krank und habt keine Sorgen. Wir sind nicht so gesegnet. Uns gibt Gott nichts, wenn wir für ihn arbeiten. Ihr habt uns euer Geheimnis nie gesagt."

„Was für ein Geheimnis?"

„Wie man reich wird und zu Glück kommt! Wenn wir all eure Bücher lesen könnten, dann wüßten wir es auch."

Dieser Vorwurf, den wir nicht zum ersten Mal hören, macht uns betroffen. Wir reden lange miteinander und spüren, daß Erklärungen nichts helfen. Erklärungen, daß Missionare von ihrem Gehalt leben und die Menschen in Bongu von ihren Gärten, ihrem Land und dem Meer und daß all dies auch Segen und Geschenk von Gott ist.

(Zwei Jahre später schickt uns eben diese Gemeinde eine Kassette nach Deutschland, auf der es heißt: „Wir grüßen euch, unsere alten Missionare! Wir möchten euch wissen lassen: Jetzt kommen wieder viele Menschen zur Kirche. Wir halten außer den Gottesdiensten auch Abendandachten in den Häusern. Endlich haben wir einen guten Pastor. Im Nachbardorf wollen wir einen Klassenraum bauen und eine kleine Schule einrichten. Es gibt so viel zu tun. Besonders die jungen Leute sind voll Begeisterung. Vergeßt uns nicht! Und vergeßt nicht für uns zu beten!")

Am letzten Tag gehen wir noch am Strand entlang. Die Brandung ist gewaltig. Wir baden. Hohe Wellen überrollen uns und schieben uns den Strand hinauf. Wir graben Löcher, die gleich wieder zugespült werden.

Ein alter Mann aus dem Nachbardorf kommt. Er erkennt uns und setzt sich. Wir fragen nach seinem Dorf. Er erzählt, wer inzwischen gestorben ist, wer geheiratet hat und wer in die Stadt abgewandert ist.

Ich denke: Das wird uns später fehlen, daß man sich so trifft und hinsetzt und miteinander redet, ganz einfach und selbstverständlich.

Die Kinder werfen Treibholz und Kokosnußschalen ins Wasser, die mit gewaltigem Schwung auf den Strand zurückgeschleudert werden. Wir sitzen ein Stück vom Wasser entfernt. Die Finger graben sich in den weichen Sand. Das Meer glänzt in der Sonne und blendet uns. Wir kneifen die Augen zusammen.

Der alte Mann ruft in seiner Dorfsprache einem Jungen etwas zu. Der klettert auf eine Kokospalme und schneidet ein paar grüne Nüsse ab, die schwer und dumpf in den Sand fallen. Der Junge schlägt die Schale auf. Wir trinken die kühle Kokosmilch. Irgendwann geht der alte Mann weiter, und wir laufen hinauf zur Station.

Auf unserer Rückfahrt am nächsten Tag gehen wir noch zu einer Familie in Lalok, sechs Meilen von Bongu entfernt. Wir hatten ihre Tochter, die bei uns in Goroka mit Nierenversagen im Krankenhaus lag, oft besucht. Sie wußte, daß sie sterben würde. So ließ man sie in ihr Dorf zurückkehren. Auf dem Weg zum Flugplatz fror sie trotz der Wärme. Ich legte eine lange Wolljacke um sie, in der sie dann einige Tage später in ihrem Dorf begraben wurde.

So gehen wir mit den Eltern zu ihrem Grab außerhalb des Dorfes: ein kleines Oval aus bunten Steinen vom Strand. Zwei Tangetsträucher sind darauf gepflanzt.

Ihre Schwester, die in Madang arbeitet, will Geld sparen und irgendwann einmal ein Zementkreuz kaufen. Wir sprechen mit der Familie ein Gebet und gehen hinunter zum Strand, wo wir eine Weile sitzen, ohne zu reden. Betroffensein, Trauer und das Geborgensein im Frieden Gottes verbinden stärker als Worte.

Die Verwandten haben inzwischen ein Essen gekocht: Süßkartoffeln, Gemüse und Huhn. So setzen wir uns noch zu einem Abendessen, zu dem auch der Pastor und die Gemeindeältesten kommen, die wir kennen. Es ist schön, noch einmal mit ihnen zusammenzusein.

Das Abschiedswort

anchmal habe ich Angst, daß ich eines Morgens aufwachen könnte und Gott mir nicht mehr bedeutete als eine Vokabel, die ich früher einmal gelernt habe. Daß ich plötzlich nicht mehr an ihn glauben kann und dies mich nicht einmal stört.

Sind das unsinnige Ängste, die ich beiseiteschieben sollte? Es gibt ja tatsächlich immer wieder Tage und Stunden ohne einen Gedanken an Gott.

In einer solchen Zeit rief ein befreundeter Pastor an und fragte, ob ich ihn am kommenden Sonntag im Gottesdienst vertreten könnte. Predigttext sei ein Abschnitt aus Lukas 22.

Etwas zögernd sagte ich zu. Ich las den Text und traute meinen Augen nicht. Da stand das Wort, mit dem Jesus sich nach dem letzten Mahl von Petrus verabschiedet: „Ich habe für dich gebeten, daß dein Glaube nicht aufhöre“ (Lukas 22,32).

Ich erschrak und war doch zugleich ganz übermütig glücklich. Was für ein Abschiedswort!

Gott selbst wird für meinen Glauben sorgen – so wie er für mein Leben sorgt. Er wird ihn mir erhalten. Ich brauche keine Angst zu haben.

Jesus sagt dieses Wort zu Petrus, obwohl er weiß, daß sein Jünger ihn wenig später verleugnen wird.

„Ich gehöre nicht zu Jesus. Ich kenne ihn gar nicht!“, so wird Petrus aus Angst um sein Leben sagen. Dennoch verspricht ihm Jesus: Dein Glaube soll nicht aufhören. Ich selbst trete für dich ein. Und das gilt auch für dunkle Zeiten. Nichts soll dich von Gott trennen: weder Verrat noch Zweifel.

Ein Tag geht zu Ende

Wir hatten Julia und Gerd, langjährige Freunde, für diesen Abend eingeladen. Die Sommerferien waren fast vorüber. Ehe am Montag die Arbeit wieder begann, wollten wir uns nocheinmal sehen, ganz in Ruhe zusammen essen, uns dann gemütlich zurücklehnen, erzählen, zuhören, fragen ... Aber es kam ganz anders.

Eigentlich waren unsere Söhne und Töchter („Kinder“ darf ich nicht mehr sagen!) von diesem Abend verbannt, sie hatten vorher gegessen. Aber dann sah Micha, daß noch griechischer Käse und Weintrauben auf dem Tisch standen, und fragte so höflich, daß keiner „nein“ sagen konnte: „Ach, darf ich vielleicht ein kleines Stück Käse haben?“

Ganz entspannt sagten wir: „Ja, natürlich! Hol dir einen Teller!“

Micha setzte sich zu uns.

Da kam Isabelle von ihrer Freundin zurück: „Oh, schön ... es gibt noch Käse!“

„Na gut, komm!“

Susanne, die bisher in ihrem Zimmer an der Restauration einer alten Kommode gearbeitet hatte, hielt ein Glas in der Hand und meinte: „Habt ihr einen Schluck Wein übrig?“

„Aber sicher!“

Sie setzte sich ebenfalls. Wäre Johannes nicht zur Zeit in Bethel mit seiner Hebräischprüfung beschäftigt gewesen – hätte auch er ohne Zweifel am Tisch Platz genommen.

Eigentlich, dachte ich, sollten wir dankbar sein für soviel Anhänglichkeit. Andere Kinder ziehen aus, setzen sich bewußt ab vom „bürgerlichen“ Familienleben, kritisieren und nörgeln …

Ich weiß nicht, wodurch das Gespräch eine solche Wendung nahm, aber plötzlich hörte ich Micha zu Julia sagen: „Also, mir stinkt das ganz schön, daß ich plötzlich zu irgendwelchen Arbeiten abkommandiert werde. ‚Micha, hol mal die Säge aus der Garage! Micha, mäh bitte den Rasen! Micha, deck schnell den Tisch!‘ Dabei wollte ich vielleicht gerade was anderes machen, was viel wichtiger ist. Den Rasen kann man doch auch einen Tag später mähen! Aber wenn man's nicht gleich tut, ist schlechte Laune!“

Da Micha laut und deutlich sprach, hörten jetzt alle ihm zu.

„Genau“, fand Isabelle, „so ist es!“

Alle Versuche, diesen Abend zu retten und pädagogische Probleme familienintern, später oder gar nicht zu erörtern, scheiterten. Julia, deren Töchter ähnliche Themen mit ihren Eltern hatten, war plötzlich hellwach und interessiert. Nur Gerd und mein Mann hätten sich gern weiter über gegenwärtige und zukünftige Aspekte der Missionswissenschaft unterhalten. Aber diese Chance war vorbei. Es ging einzig und allein um die Frage: „Wann müssen Barbara, Susanne und Katharina abends zu Hause sein?“ Oder noch wichtiger: „Wer bestimmt den Zeitpunkt: die Eltern oder die Töchter?“

„Wir natürlich“, meinte Susanne, „es betrifft ja uns. ‚Bestimmen‘ ist das falsche Wort, wir müssen darüber sprechen und uns dann einigen. Wenn man fast achtzehn ist, sollte man ja wissen, wieviel Schlaf man braucht!“

„Es ist ja nicht nur das. *Ich* kann nicht einschlafen, wenn ich nicht weiß, ob du gut nach Hause gekommen bist“, sagte ich.

„Das mußt du eben lernen!“

Nach zwei Stunden hitziger Debatte – wir hatten die Fenster wegen der Nachbarn geschlossen – stand Micha auf: „Also … ich gehe jetzt ins Bett, sonst bin ich morgen zu müde.“

Als unsere Gäste etwas später auch gingen, entschuldigte ich mich: „Es tut mir leid, wir hatten uns den Abend anders gedacht, erholsamer, friedlicher …"

„Ach", sagte Julia, „ich fand es so erfrischend. Ihr seid eben auch eine ganz normale Familie. Wenn man deine Bücher liest, könnte man ja denken, daß bei euch immer alles klappt."

„Das kommt nur", erklärte Susanne, „weil Mammie das andere nicht schreibt. Es stimmt schon, was da steht. Aber so was wie heute schreibt sie nicht. Sie denkt, es nervt andere bloß."

(Susanne, ich *habe* es geschrieben!)

Mein Mann und ich waren nach diesem letzten Ferienabend allerdings ziemlich kleinlaut: Wir sind Eltern, die ihre Kinder wie Sklaven kommandieren (dabei sage ich immer: „Würdest du bitte …?"), die selbst unter Streß stehen und dann schlechte Laune verbreiten; die nicht begriffen haben, daß ihre „Kinder" (13, 15, 17, 21 Jahre) längst Erwachsene sind … Ich hätte in dieser Nacht wohl nicht viel geschlafen, wenn mir nicht eingefallen wäre, daß Susanne zwischendurch einmal sagte: „Trotzdem …, ich meine, wenn ich mir andere Eltern angucke, ich wollte nicht tauschen!"

Auf dieser Welle des Wohlbehagens schlief ich ein. Eigentlich haben wir doch nette Kinder. Sie reden jedenfalls noch mit uns und nehmen kein Blatt vor den Mund – besonders wenn Gäste da sind.

Gott – eine Theorie?

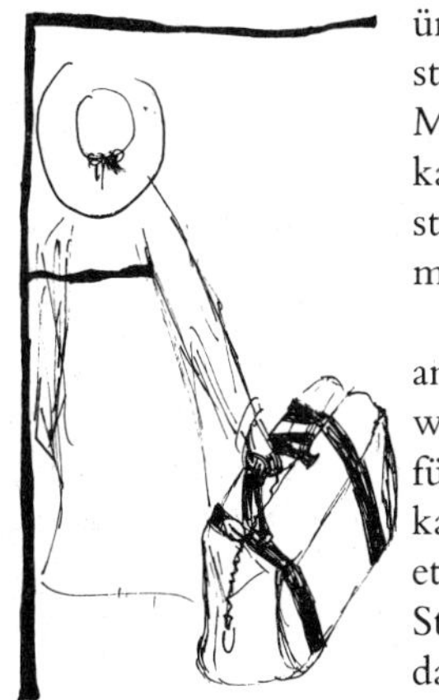

ünfhundert Frauen waren zum Frühstückstreffen nach Gießen gekommen. Mein Referat hatte das Thema: „Wie kann man heute leben trotz der Belastungen von gestern und der Angst vor morgen?“

Anschließend hatten die Frauen an den Tischen darüber gesprochen, woher denn Mut und Zuversicht für den nächsten Tag kommen. Wie kann ich in meinem Leben überhaupt etwas von Gott vernehmen? Seine Stimme hören? Oder: Was hindert mich daran?

Als wir dann mittags um zwölf auseinandergingen und ich meine Reisetasche schon in der Hand hatte, kam eine jüngere Frau auf mich zu und sagte: „Ihr Vortrag hat mir gefallen. Ich glaube Ihnen, was Sie gesagt haben ... Es stimmt – für Sie! Für mich stimmt es nicht. In meinem Leben kommt Gott nicht vor. Also, ehrlich, ich brauche Gott nicht. Ich komme gut allein zurecht. Wenn ich nur Menschen habe, gute Freunde, mit denen ich reden kann. Mir geht es um das Menschliche, das ist mir ganz wichtig. Aber Gott – das ist doch eine Theorie!“

„Merkwürdig“, sagte ich, „als ich zwanzig war, habe ich auch einmal zu einer Pastorin gesagt: ‚Eigentlich brauche ich Gott nicht. Ich habe nichts gegen ihn, aber er ist eher so etwas wie eine Zutat zu meinem Leben, das ich auch allein schaffe.‘ Und sie hat mir geantwortet: ‚Wie schön, daß du so viel Kraft hast. Aber das könnte sich ja mal ändern ... in einer anderen Lebensphase.'"

Die Frau sagte: „Mag sein! Aber im Moment genügen mir Menschen. Gott? Das ist nur eine Vokabel für mich!"

„Er wird Ihnen erst wichtig, wenn er anfängt, mit Ihnen zu reden. Das kann lange dauern oder bald sein. Aber dann können Sie ,Du' zu ihm sagen: ,Du bist ein Gott, der Wunder tut!' Ich bitte Sie nur, offen zu bleiben und aufmerksam zu leben, nicht vorzeitig abzuschließen ... Vielleicht wird Gott eines Tages so mit Ihnen reden, daß Sie spüren: Er meint mich, und er liebt mich. Das wünsche ich Ihnen ... Aber jetzt muß ich schnell gehen, mein Zug fährt."

„Ja, Aufwiedersehen!"

„Vielleicht sehen wir uns wirklich einmal wieder. Wer weiß?"

Ich möchte Sie bitten ... Geduld zu haben gegen alles Ungelöste in Ihrem Herzen und zu versuchen, die Fragen selbst liebzuhaben wie verschlossene Stuben und wie Bücher, die in einer sehr fremden Sprache geschrieben sind.

Rainer Maria Rilke,
Briefe an einen jungen Dichter

Die Feuersäule

In drei Wochen sollte ihre lange Reise durch die verschiedenen Länder des südlichen Afrika beginnen. Frankfurt war nicht ganz nahe, aber ich wollte sie vorher noch einmal sehen.

Es ging ihr nicht besonders gut. Doch weil sie wußte, daß viele Menschen dort auf sie warteten, hatte sie sich entschlossen, dennoch zu fahren. Ob sie es im nächsten Jahr noch schaffte – mit siebenundsiebzig Jahren –, war ungewiß.

So fuhr ich zu ihr. Wir hatten einen Tag gefunden, an dem es ging. Unwichtiges wurde gestrichen, Wichtiges verschoben. Und nun gehörten uns vierundzwanzig Stunden!

Es war ein warmer, sonniger Septembertag. Wir saßen hinter dem Haus, gingen ein Stück über die Felder, aßen mittags Pellkartoffeln und Quark, rote Grütze und Eis – nichts als Luxus. Einen ganzen Tag vergeudeten wir, während andere Menschen arbeiteten und sich plagten.

Am Morgen deckte Friederike den Frühstückstisch. Wie schön, den Kaffee aus ihren alten Tassen zu trinken!

„Was möchtest du heute tun?“ fragte sie mich. „Wollen wir zur Kirche hinübergehen – zur Morgenandacht? Oder wollen wir hier einen Abschnitt lesen und dann beten?“

„Laß uns hierbleiben. Ich möchte dann auch noch über andere Dinge mit dir reden; zum Beispiel über mein neues Manuskript. Und ich möchte von deinen letzten Ferien hören. Wir haben uns so lange nicht gesehen.“

Wir lasen den Tagestext – Matthäus 16. „Wer sein Leben erhalten will, der wird's verlieren. Wer aber sein Leben verliert um meinetwillen, der wird's finden."

Und dann das große Wort: „Was hülfe es dem Menschen, wenn er die ganze Welt gewönne und nähme doch Schaden an seiner Seele?"

Dieser Satz mit den drei Konjunktiven – der Möglichkeitsform!

„Mir ist das oft nicht möglich", sagte ich, „die Selbstverleugnung ... Dabei weiß ich, daß dem, der hingibt, mehr geschenkt wird, als er sich je erträumt hat, daß ihm Leben zufällt. Aber trotzdem scheitere ich daran immer wieder. Es gibt Tage, an denen ich Gott ganz vergesse. Und anscheinend fehlt mir nichts. Wie ist das möglich? Liegt das an meinem Lebensstil oder daran, daß Gott sich verbirgt?"

„Ich wünsche mir für den Weg, der vor mir liegt, auch oft klarere Hinweise und Zeichen von Gott", meinte Friederike. „Aber Gott will wohl, daß wir glauben, ohne zu sehen; daß wir sein Wort hören und bereit sind, unsere Kraft und Zeit und alles, was wir haben, hinzugeben."

Ich weiß nicht, wo dieser Tag mit seinen vielen Stunden geblieben ist – aber ich hatte das Gefühl von langen Ferien.

Am Abend gab es Äpfel, Käse, Brot und Wein – ein Essen ohne Arbeit und Eile.

Später fuhr mich Friederike zum Bahnhof. Die Sonne war gerade untergegangen.

„Sieh mal! Dort drüben!" sagte sie.

Ich sah den Abendhimmel mit seinem herrlichen Rot und Rosa.

„Ja, schön!"

„Nein, sieh mal! Dieser senkrechte Riß in den Wolken, dieser Spalt, der immer breiter wird. Und das Rot, wie es da durchscheint. Du, das ist wie eine Feuersäule."

„Ja, eine Feuersäule, die vor uns hergeht! Ein Zeichen von Gott. Du wolltest doch ein Zeichen. Er geht vor uns her: auf deinem Weg in Südafrika und auf meinem Weg hier."

„Was für ein Geschenk, eine Antwort vom Himmel."

„Ich hätte es ohne dich nicht gesehen", sagte ich.

Dann verdeckten die Häuser den Himmel. Als eine Lücke kam, war das Wunder verblaßt. Und später dann nur noch schwere, graue Wolken, als hätte es dieses Licht und diese Farben nie gegeben. Aber für uns bleibt es.

Welch ein Abschied!

Keinen Weg läßt Gott uns gehen,
den er nicht selbst gegangen wäre
und auf dem er uns nicht voranginge.
Es ist der von Gott gebahnte
und von Gott geschützte Weg,
auf den er uns ruft ...
Gott kennt den ganzen Weg,
wir wissen nur den nächsten Schritt
und das letzte Ziel.

Dietrich Bonhoeffer

Ich habe mir nichts vorzuwerfen

hlsdorfer Friedhof, Krematorium, Halle B.

Ich gehe durch den mittleren Eingang. Der Beerdigungsunternehmer grüßt mit einer Verbeugung aus der Hüfte heraus: „Möchten Sie sich auch hier eintragen, meine Dame?“

„Ich bin die Pastorin.“

„Ach ja, dann kommen Sie bitte, hier ist das Umkleidekabinett. Kennen Sie sich aus?“

„Nein!“

„Ihre erste Trauerfeier?“

„Nein, aber hier zum ersten Mal.“

„Also, es ist alles fertig!“

„Wo ist das Pult?“

„Da oben bitte!“

Auf einem Marmorsockel schwingt sich eine Treppe über Sarg und Chrysanthemen zu einer Art Kanzel empor. Die Trauernden müssen schon gute Augen haben, um den Pastor dort zu entdecken. Ich bitte also darum, ein kleines Pult vor die Sitzreihen zu stellen.

Als ich die Angehörigen im Vorraum begrüßen will, stellt sich die Witwe, Frau Keller, ein wenig abseits. Sie baut sich geradezu vor mir auf und sagt: „Frau Pastorin, ich habe mir nichts vorzuwerfen, gar nichts!“

Ich bin überrascht und verwirrt und kann gar nicht antworten. Aber dieser Satz geht mir nicht aus dem Kopf. Ich versuche, mich während der Traueransprache darauf zu beziehen, aber ich merke, daß jeder ganz mit seinen eigenen Gedanken beschäftigt ist, die ihn hierhin und dorthin tragen. Das ist wohl so.

Ich werde der Witwe später die Ansprache geben – heute wird alles nur wie durch einen Schleier wahrgenommen. Das Lied: „So nimm denn meine Hände ..." war gewünscht worden. Weil es aber in den kleinen Liederheften nicht stand, las ich jeweils einen Vers, den wir dann sangen. Das sei besonders feierlich gewesen, sagte man hinterher.

Anschließend ist der Beerdigungskaffee im Tulpenhof, gleich nebenan. Frau Keller bittet mich, doch noch mitzukommen. Der Raum ist warm, gedämpftes Licht. Blumentapeten, grüne Kerzen auf dem langen Tisch und auf jedem Teller ein Stück Sahnetorte: weiß, braun oder rosa, abgezählt und zugeteilt. Die Stücke sind hoch, und die Spitze kippt ein wenig – trotz Sahnesteif. Kaffee Hag und Tee werden serviert, für jeden ein Kännchen.

Ich hatte mich in die Nähe der Tür gesetzt, aber Frau Keller will, daß ich neben ihr sitze, so hat sie es sich überlegt. Alle müssen noch einmal aufstehen und mich durchlassen.

Die alte Dame, die links neben mir sitzt, kommt aus meinem Heimatort. Als ich sie frage, ob sie sich noch an meine Mutter und ihr Geschäft am Parkteich erinnere, zögert sie anfangs, wird aber immer sicherer: „Ja, ja! – Ihre Mutter, die hat mir oft 'was zurückgelegt. Ich hab immer gesagt: ‚Verwahren Sie es mir, ich komme wieder!' Darum mochte sie mich so gern."

Ich kenne meine Mutter auch und glaube nicht, daß sie das besonders gern mochte.

Frau Keller, die inzwischen Sherry und Kaffee getrunken und die Torte probiert hat, sagt jetzt: „Ich wollte es heute schaffen. Ich wollte es durchstehen, und das hab ich auch! Ich hab das alles hier bestellt, und es ist doch gut so, oder? Mein Mann hätte gesagt: ‚Wozu der Luxus, Hertha?' Aber ich wollte es so. Alle Verwandten sind gekommen, auch aus der DDR. Das ist gut! Ich wollte es so für meinen Mann. Er sollte es anständig haben."

Als nach einer guten halben Stunde einige der Frauen gehen,

verabschiede ich mich auch und verspreche Frau Keller, sie bald zu besuchen.

Zwei Wochen sind vergangen; wir haben telefonisch vereinbart, daß ich Mittwoch gegen elf Uhr käme.

„Kommen Sie, legen Sie ab!"

Im Wohnzimmer ist auf einem langen Tisch ein exquisites Buffet aufgebaut."

„Oh, erwarten Sie Besuch?"

„Nein, das ist für Sie! Mein Sohn ist doch noch hier, der Gastronom aus Kiel. Er hat Ferien, er hat alles gemacht ... Sherry oder Sekt?"

„Nein, danke, ich muß noch Auto fahren. Aber Frau Keller, soviel Mühe ..."

„Es sollte schön sein. Es fehlt doch nichts, oder?"

„Nein!"

Mir ist ganz elend zumute bei soviel Vollkommenheit. Und wieder denke ich an ihren Satz: „Ich habe mir nichts vorzuwerfen!"

Nach dem Essen zieht der Sohn sich zurück. Ich sehe, daß es Frau Keller nicht gutgeht. Sie hat Magenschmerzen und soll auf eine Kur. Ich frage, ob sie schlafen kann und wie es geht mit dem Alleinsein.

„Ach", sagt sie, „die Nächte sind so lang, und nachts, da kommen all die Gedanken ..."

„Woran denken Sie denn, wenn Sie nicht schlafen können?"

„Na ja, wissen Sie, es tut einem ja doch manches leid. Ich meine, was ich anders machen würde, wenn er noch lebte; all das, was man nicht getan hat ... Aber nun ist es zu spät ..."

Sie greift nach ihrem Taschentuch.

„Frau Keller, mir würde es auch so gehen. Da ist vieles, was man sich vorwirft."

„Ja."

„Und das läßt einen nicht zur Ruhe kommen. Das ist immer wieder da, besonders nachts."

Frau Keller nickt.

„Sie haben mir damals, als ich Sie vor drei Wochen das erste Mal besuchte, viel von Ihrer Flucht erzählt; von den schweren Zeiten mit Ihren Kindern und wie Sie da gebetet haben und Gott Ihnen immer wieder geholfen hat. Können Sie noch beten?"

„Ich weiß nicht ... vielleicht ..."

„Wollen wir es zusammen versuchen?"

„Ja."

Nachdem wir gebetet haben, sagt Frau Keller: „Und Sie meinen, alles, alle Schuld ist nun bei Gott, nicht mehr bei mir? Ich brauche mir nichts mehr vorzuwerfen? ... Und wenn diese Gedanken wiederkommen? Nachts?"

„Dann sagen Sie die Worte aus dem alten Lied, das Sie doch seit Ihrer Kindheit auswendig können und das wir bei der Trauerfeier gesungen haben: ‚So nimm denn meine Hände ...'

‚In dein Erbarmen hülle mein schwaches Herz,
und mach es gänzlich stille in Freud und Schmerz!
Laß ruhn zu deinen Füßen dein armes Kind ...'

Sie wissen doch, wie es weitergeht?"

„Ja."

Unter ihren Tränen ist ein Lächeln. „Ich brauche mir nichts mehr vorzuwerfen."

„Nichts! Gar nichts! Und rufen Sie mich an, wenn Sie von Ihrer Kur zurück sind."

Gerechtigkeit ist nur in der Hölle,
im Himmel ist Gnade,
und auf Erden ist das Kreuz.

Gertrud von le Fort

Eine Illusion – und nichts weiter?

uf dem Fußboden liegen sie – Jesus Christus und die heilige Mutter Maria ... liegen da und haben nichts!"

Die alte Frau mit der blonden Perücke, geschminkt wie für den Karneval, hält meinen Ärmel fest und sieht mich aus ihren tiefliegenden grau-grünen Augen an.

„Hören Sie, ich muß hingehen, immer hingehen, bringen alles: Brot, Kartoffeln, Kleidung ... alles!"

Ich komme gerade aus der Kirche und habe über Matthäus 25 gepredigt: „Was ihr einem meiner geringsten Brüder tut, das habt ihr mir getan."

Ich frage die Frau: „Wer liegt da auf dem Boden? Und wohin gehen Sie?"

„In den Breitenfelder Damm, gleich hinter der Post."

„Und wie ist Ihr Name?"

„Nein, nein ... dann kommt gleich wieder die Polizei. Sagen Sie einfach Natascha zu mir."

„Gut. Natascha, wo wohnen Sie?"

„Da ... gleich um die Ecke, in dem gelben Haus!"

„Ich komme in dieser Woche einmal zu Ihnen, ja? Jetzt muß ich leider schnell nach Hause."

Sie dreht sich um und läuft über die Straße. Mir ist beklommen zumute: Ich predige Jesu Gebot, und sie tut es. Sicher, sie ist etwas verwirrt, aber sie meint es gut. Sie ist betroffen von dem Elend, das sie irgendwo in dieser großen Stadt gefunden hat.

Bevor ich Natascha besuche, gehe ich in den Gemüseladen nebenan. Dort müßte man sie kennen. Ich kaufe ein paar winterfeste Stiefmütterchen und sage, als Frau Wegner mir die Pflanzen in eine alte Zeitung einrollt: „Sie kennen sicher Natascha, Ihre Nachbarin ... Ich wollte sie mal besuchen!"

„Die Natascha? Die ist eine gute Frau, nur etwas verrückt. So ein religiöser Wahn, wissen Sie? Sie stammt ja aus der Ukraine, hat nie richtig deutsch gelernt ... Sie behauptet immer, daß Jesus hier irgendwo lebt und hungert und auf dem Fußboden liegt. Und dann geht sie hin und bringt ihm Essen. Ich hab ihr schon hundertmal gesagt: Jesus ist seit zweitausend Jahren tot. Aber sie hört nicht drauf!"

„Natascha spricht immer vom Breitenfelder Damm ... daß sie da hingeht ..."

„Ach, können Sie vergessen! Kein Wort wahr! Alles Spinnerei. Ich weiß gar nicht, ob Natascha Sie überhaupt reinläßt. Ich kann sie ja mal anrufen!

Ja, also sie schließt Ihnen auf."

„Vielen Dank!"

„Guten Morgen, Natascha!"

„Ich gewartet, kommen Sie! Kommen Sie rein, ich zeige Ihnen Haus!"

Das Haus ist eine Herberge für Plastikblumen in bunten Vasen. Überall Linoleum und Fußmatten. Es ist sauber und in der Küche auch warm. Sie hebt die Ringe vom Herd, die Briketts glühen.

„Soll ich Ihnen Kaffee machen?"

„Nein, danke!"

„Na gut, ich habe auch schon gefrühstückt."

„Natascha, wollen wir zusammen zum Breitenfelder Damm fahren? Ich habe das Auto hier."

„Ja, ja! Aber erst Sie müssen sehen meine Stube. Da, bitte sehr! Alles schön, alles sauber!"

„Ja, sehr schön!"

„Hier noch eine Stube!"

Es ist ein Raum mit Teppich, Schränken, Tisch, Sofa, Sesseln – aber alles voller Puppen, pyramidenförmig aufgebaut. Ich denke an Jahrmarkt und Schießbuden. Puppen in allen Größen: blonde, dunkle ... Puppen mit Locken oder Bubikopf, mit Brille, Armband, Röcken, Schürzen, Blusen, mit Schmuck behängt. Natascha genießt mein Staunen und beginnt: „Das ist Maria ... das Petruschka und das Katharina – mein Kathrinchen! .... und alle tanzen hier im Zimmer!"

„Wie schön. Woher haben Sie all die Puppen?"

„Hat mir geschenkt mein Mann, zweiter Mann – aber nun ist er tot, drei Jahre schon, nein, mehr Jahre ... zuckerkrank war er, umgefallen und tot."

Beim Hinausgehen denke ich: Was für eine Traumwelt – für Menschen ist kein Platz. Das Zimmer wird nicht geheizt und nicht betreten, ein Reich der Puppen, Plastikblumen und Gartenzwerge!

Im Flur fällt mir ein: „Natascha, wir wollten doch zum Breitenfelder Damm!"

„Ja", sagt Natascha, „gleich, muß erst schön machen, ein bißchen flott, verstehen Sie? Mit Farbe und Creme! Alte Frau muß machen!"

Sie nimmt ihre Perücke ab und zeigt sie mir: „Alte Hausperücke! Stadtperücke ist hier!"

Sie holt sie aus dem ersten Wohnzimmer, wo sie über eine Sessellehne gestülpt war. „Aber erst Haare schön machen!"

Mit Vaseline streicht sie ihr dünnes Haar zurück, steckt die Enden fest und zieht die Ausgeh-Perücke darüber. Sie wühlt in einer Plastiktüte nach einem Lippenstift und malt sich einen knallroten Fleck auf jede Wange, den sie mit den Händen gleichmäßig über das ganze Gesicht verteilt. In eckig-abgewinkeltem Schwung zieht sie die Augenbrauen nach. Es geht schnell, man merkt, sie hat Übung darin. Dann der Mantel. „Halt, erst noch Kuchen und Brot. Und der Hausschlüssel! So, fertig."

Bevor wir ins Auto steigen, kaufe ich im Gemüseladen noch schnell einen Beutel Äpfel, damit ich nicht so leer dastehe. Dann fahren wir los in Richtung Breitenfelder Damm. Als ich bei dem Straßenschild einbiege, sagt Natascha: „Nein, nicht hier. Segeberger Straße, weiter geradeaus!"

Zu spät, ich bin schon abgebogen. Wir nehmen den nächsten Parkplatz und werden das letzte Stück zu Fuß gehen. Als wir die Straße überqueren wollen, sagt Natascha: „Das ist sie! ... heilige Mutter Maria!" Eine Dame in Fuchspelz und eleganten schwarzen Schuhen kommt zögernd auf uns zu – beladen mit Tannenzweigen, Geschenken und Einkaufstüten. Natascha streichelt den Arm der Frau und drückt ihr noch zwei weitere Plastiktüten in die Hand. Ich erkläre schnell, wer ich bin.

„Na ja", sagt die Frau, „also, dann kommen Sie mal mit. Ist vielleicht ganz gut. Wir müssen das mal klären!"

Sie schließt uns ihre Wohnung in dem großen Mietshaus an der Segeberger Straße auf. Ich bin auf ein Chaos gefaßt, habe Nataschas Worte noch im Ohr: „... alle liegen auf dem Boden, haben keinen Herd zum Kochen, Jesus, Maria, Petrus."

Ich dachte an eine Obdachlosenunterkunft. Aber die Wohnung von Frau Schwarck ist so, wie ich mir meine erträume: blütenweiße Wände, frisch tapeziert. Die Türen weiß gestrichen, es riecht noch nach Farbe. Eine schmiedeeiserne Garderobe ... Ich denke an unsere aus Kiefernholz, von der immer ein Knopf abfällt.

Wir werden ins Wohnzimmer gebeten. Natascha und ich sitzen auf dem makellosen Sofa, uns gegenüber eine teure Stereo-Anlage.

„Darf ich Ihnen einen Kaffee machen?"

„Danke, machen Sie sich bitte keine Mühe. Wir unterhalten uns einfach nur einen Augenblick."

„Ach ... können Sie nicht etwas bleiben? Ich hab doch so viel Zeit, seit mein Mann nicht mehr lebt ... Was soll ich denn den ganzen Tag machen?"

Sie hält ihre Hände vor das Gesicht und weint: „Sie wissen gar nicht, wie schwer das ist, jetzt in der Adventszeit, wo alle zusammensitzen ... Ich bin so froh, daß Sie gekommen sind. Das war bestimmt kein Zufall, das sollte so sein. Ich habe solche Angst vor Weihnachten ..."

Während Frau Schwarck von der Krankheit ihres Mannes und der Zeit danach erzählt, denke ich immer: „Wie kommt Natascha gerade an diese Frau?"

Etwas später, als sie in der Küche den Kaffee aufgießt, frage ich sie danach. Frau Schwarck sagt: „Wie sie mich kennengelernt hat? Überhaupt nicht. Sie ist einfach gekommen. Mir ist das peinlich. Sie hat doch viel weniger als ich. Und wenn ich nicht da bin, hängt sie die Plastiktüten an die Tür. Manchmal ist auch Geld drin, Zehn- und Zwanzig-Mark-Scheine. Die anderen hier im Haus wissen das schon und wühlen dann drin 'rum. Und sehen Sie mal, was die Natascha mir für Briefe geschrieben hat!"

Sie holt zwei kleine Zettel aus dem Küchenschrank. Auf dem einen steht: „Jesus Christus und heilige Mutter Maria, komm und besuche mich. Ich wohne Drosselweg 7, Natascha."

Auf dem anderen: „Komm zu uns. Es ist eine Stellung frei. Komm doch zu uns in die Kirche, Jesus!"

Nachdem ich es gelesen habe, faltet Frau Schwarck die Zettel wieder zusammen und legt sie wie etwas Merkwürdiges, aber Kostbares in eine Tasse in den Schrank zurück.

Wir gehen wieder ins Wohnzimmer. Beim Kaffee-Einschenken sagt Natascha: „Also, sagen Sie mir: Wo ist Jesus? Ich weiß, er ist hier. Ich habe ihn hier gesehen!"

Die Angeredete schüttelt hilflos den Kopf. „Hier ist er nicht. Ich weiß nicht, vielleicht ist er ja *in* uns?"

Ich versuche zu helfen. „Natascha, Jesus ist im Himmel. Da werden Sie ihn treffen, nicht hier."

Ich merke, daß es so auch nicht stimmt, will mich verbessern und sage: „Wir treffen Jesus nicht wie einen Menschen. Er ist zwar bei uns, aber unsichtbar."

Das kann Natascha nicht beeindrucken. Unbeirrt fährt sie fort: „Ich habe ihn hier im Rollstuhl getroffen. Und als er auf dem Boden lag."

„Ach", sagt Frau Schwarck, „vielleicht meint sie meinen Nachbarn über mir. Der hat mal eine Zeitlang im Rollstuhl gesessen, der war mal hier. Und mein Sohn ist ab und zu hier. Er hat mir die Wohnung renoviert."

„Natascha", versuche ich noch einmal. „Sie haben also einen Mann hier aus dem Haus im Rollstuhl gesehen!"

„So? Dann werde ich dahin gehen. Da wohnt Jesus also!"

„Nein, dieser Mann ist jetzt wieder gesund."

„Wenn Jesus nicht hier ist, dann kann ich ja gehen. Nein, danke, ich trinke keinen Kaffee! Ich bin herzkrank. Ich muß jetzt gehen!"

„Natascha, wir fahren doch zusammen mit dem Auto, und Sie wollten doch bei Ihrer Bank noch Geld holen!"

„Ja."

„Frau Schwarck, vielen Dank für den Kaffee!"

„Ach ... gehen Sie schon? Ich meine ... kommen Sie wieder? Ich gehöre zwar nicht zu Ihrer Gemeinde, ich bin ja auch katholisch. Aber die Weihnachtszeit jetzt ... Ich bin so allein."

„Frau Schwarck, ich komme wieder. Ich habe Ihre Telefonnummer, und Sie haben meine Adresse."

„Das war doch kein Zufall ... ich kann es gar nicht fassen." Sie weint wieder.

Draußen drehe ich mich um. Es ist die Hausnummer 273. Natascha hatte mir damals auf einen Zettel geschrieben: „273 273 – das ist die Nummer von Jesus."

Nachdem wir die Bankangelegenheiten erledigt haben und wieder im Auto sitzen, sagt Natascha nach langem Schweigen: „Gut, daß wir da waren ... in der Segeberger Straße. Jetzt gehe ich nicht mehr hin. Den ganzen Sommer bin ich gegangen. Selber nicht gefrühstückt, alles gebracht. Nein, Jesus Christus wohnt da nicht."

Sie tut mir so leid in ihrer großen Enttäuschung. Was habe ich getan? Eine Illusion – ihr Glück – habe ich zerstört. Das Glück, Jesus selbst etwas schenken zu können. Natascha hat mir erzählt: „Nachts im Schlaf ruft Jesus Christus mich. Er sagt: ‚Ich habe Hunger! Komm, bring mir was!' Ich habe gesagt: ‚Gut, ich bring dir, soviel ich habe!'"

Und nun? Jesus wohnte also nicht in der Segeberger Straße und die heilige Mutter Maria auch nicht.

Natascha schlägt sich immer wieder an den Kopf: „Was bin ich dumm! So dumm!"

„Nein, Natascha, das war nicht dumm. Das war gut. Sie wollten helfen. Sie haben nicht Jesus selbst getroffen, aber seine Brüder und Schwestern. Darüber freut sich Jesus. Wir werden Frau Schwarck nun häufiger besuchen. Sie ist nicht arm, aber sehr einsam. Das hätten wir sonst nicht gewußt."

„Nein, ich gehe nicht mehr. Jesus ist nicht da."

Sie preßt ihre dünnen Lippen zusammen und blickt zur Seite.

Als ich ein paar Tage später wieder zu Natascha komme – sie hatte ihre Brille verloren und wollte mit mir zum Augenarzt –, ist sie sehr fröhlich. „Jesus wohnt doch da. In der zweiten Etage. Ich war da. Hab gebracht: Bohnen, Erbsen, gekochte Kartoffeln, Brot, Unterwäsche, Kaffee, alles ..."

„Natascha, hat er Ihnen denn aufgemacht?"

„Nein, hat er nicht. Aber er wohnt da, ich weiß es."

„Woher wissen Sie es?"

„Im Traum ... der Geist sagt es mir!"

„Was für ein Geist?"

„Das fragt Ihr? Seid doch Pastorin! Der Geist von Jesus."

Nach Weihnachten ruft mich Frau Schwarck wieder an.

„Ich wollte Ihnen nur sagen, daß die Natascha bei uns hier jetzt in den zweiten Stock geht. Da wohnt ein junger Mann, der lebt in Scheidung, ist ganz oft nicht da. Gebrauchen könnte er die Sachen schon, aber er hat die Plastiktüten genommen und in den Müll geworfen, weil er Angst hat, daß es vergiftet ist. Der Kaffee war zwar noch vakuumverpackt, aber die äußere Hülle war ab."

„Lebensmittel vergiften? Natascha wüßte gar nicht, wie man das macht ... das täte sie nie!"

„Ja, ja ... aber man kann ja nicht wissen. Ein bißchen verrückt ist sie ja. Wie kommt sie sonst auf die Idee, daß Jesus hier auf der Erde wohnt. Das denkt doch kein normaler Mensch ... Moment mal, es klingelt bei mir an der Tür ... Das war Natascha, ich habe sie reingelassen. Sie tut mir leid, keiner macht ihr auf. Und sie ist wohl nicht davon abzubringen, daß Jesus hier wohnt und auf ihre Geschenke wartet. Wer weiß, vielleicht hat sie recht ..."

Es gibt kaum ein beglückenderes Gefühl, als zu spüren,
daß man für andere Menschen etwas sein kann.
Dabei kommt es gar nicht auf die Zahl,
sondern auf die Intensität an. Schließlich sind eben
die menschlichen Beziehungen doch einfach
das Wichtigste im Leben. Gott selbst
läßt sich von uns im Menschlichen dienen.

Dietrich Bonhoeffer

Vorzeitiger Abschied

Ich besuchte Frau Scheffler zu ihrem neunzigsten Geburtstag. Sie wohnt in einem gepflegten christlichen Altersheim. Eine Freundin saß bei ihr am Tisch.

Ich sage, weil Frau Scheffler nicht sehr glücklich aussieht: „Ist es nicht schön, Geburtstag zu haben und Besuch zu bekommen?"

Sie blickt zur Seite und sagt: „Ich? Ich bekomme keinen Besuch!"

„Aber vielleicht Telefonanrufe?"

„Mich ruft keiner an."

Das Unglück will es, daß in diesem Augenblick das Telefon klingelt. Sie nimmt den Hörer ab. Es ist ihr Bruder. Als erstes sagt sie: „Du hättest mich auch eher anrufen können!"

Eine Schwester bringt Saft und Gläser.

„Was soll das jetzt vor dem Essen?"

Die Schwester bleibt freundlich. „Frau Scheffler, lassen Sie sich nicht stören. Sie können später kommen. Ich halte Ihnen Ihr Essen warm!"

„Aufgewärmtes Essen schmeckt nicht!"

Die Schwester geht. Ich ginge auch gern. Aber eine Weile muß ich wohl noch bleiben. Ich frage sie, wie es ihr gehe, ob sie Schmerzen hat.

„Nein, ich bin nie in meinem Leben krank gewesen", und nach einer Pause fügt sie hinzu: „Aber was soll ich noch? Der liebe Gott hat mich vergessen! Alle meine Geschwister sind schon gestorben. Ich habe mich auch schon verabschiedet. Sie sehen, es gibt keine Blumentöpfe mehr auf meiner Fensterbank. – Aber man hat vergessen, mich abzuholen."

Wir reden noch eine Weile miteinander. Als ich gehen will, sagt sie: „Nein, bleiben Sie noch! Die Zeit im Wartezimmer wird so lang."

Ich schlage ihr vor, in den Speisesaal zu gehen. Ihr Platz ist mit Blumen geschmückt. Eine Helferin stellt eine dampfende Suppe vor sie hin. Gab es da ein Lächeln auf ihrem Gesicht? Hat dieser Blumenkranz um ihren Teller sie an Kindertage erinnert?

Oder habe ich es mir nur gewünscht, daß sie an ihrem Geburtstag einmal lächelte – ein einziges Mal?

Die Fest-Folge

ch gebe zu, daß mein Menü-Angebot während der Woche eher dürftig ist. Auf gewöhnliche Mahlzeiten verwende ich nicht viel Zeit.

Anders ist es, wenn Gäste kommen: Dann gibt es guten Wein, und ich koche irgend etwas Exotisches. So auch gestern abend, als wir die Ehrenbergs eingeladen hatten.

Es sollte ein chinesisches Steamboat geben mit allen Raffinessen! Die Einkaufsliste war lang, aber nicht hier lag das Problem. Es war eher technischer – oder genauer –, pyrotechnischer Art.

Das Steamboat, ein kleines chinesisches Tischkochgerät, wird mit Holzkohlen aufgefüllt, deren Glut die Bouillon im oberen Teil zum Kochen bringt. Rohes Fleisch, Krabben und Gemüse werden darin gegart und gleich am Tisch verzehrt. So der Idealfall!

Die Wirklichkeit sah bei uns etwas anders aus: Die Brühe wurde zwar heiß, kochte sogar, aber sie kochte nicht weiter, sobald wir das kalte Fleisch und Gemüse hineinlegten. Offenbar benutzten die Chinesen andere Kohlen als wir; solche, die mehr Hitze entwickeln.

Da wir nicht zu den Menschen gehören, die schon bei kleinen Schwierigkeiten aufgeben, gingen wir in eine Kohlenhandlung, um hitze-intensivere Kohlen zu kaufen.

Die Chefin bediente uns persönlich. „Ich weiß zwar nicht, was das ist, wovon Sie reden“, sagte Frau Hammer, „aber dann nehmen Sie doch Eierkohlen, wenn Briketts zu groß sind.“

Die ganze Tüte kostete zwei Mark. Wie einfach waren Fehlschläge zu vermeiden!

Um sofort größtmögliche Hitze zu erreichen, glühten wir die Eierkohlen im Kachelofen vor und füllten sie dann in den Innenraum des Steamboats. Zum Schluß kamen noch ein paar schwarze Kohlen obendrauf. Wegen der besseren Sauerstoffzufuhr stellten wir das Ganze auf die Terrasse. Dort tat das Steamboat, was sein Name sagt: Es dampfte! Aber leider qualmte es auch. Die Rauchschwaden füllten Haus und Garten.

„Darum nimmt man beim Grillen also Holzkohle", sagte Micha. „Damit es nicht so stinkt."

„Micha!" beruhigten wir ihn, das ist gleich vorbei, sowie es durchgebrannt ist!"

Aber die Kohlen brannten nicht durch. Sie waren auch zehn Minuten vor acht noch schwarz, wobei die Brühe langsam abkühlte.

„Hole doch schnell Holzkohlen von der Tankstelle!" bat ich meinen Mann, „das hier hält ja keiner aus!"

„Na gut, wenn du meinst!"

Die Ehrenbergs kamen pünktlich – zwei Minuten nach acht. Ich versuchte, sie vom Thema „Essen" abzulenken, und zeigte ihnen den Garten und die Veranda. Ein taktischer Fehler, wie sich gleich herausstellte. Denn sofort entdeckte Frau Ehrenberg das leicht qualmende Aluminiumgefäß auf der Terrasse.

„Ach, was ist denn das? Kochen sich die Kinder hier draußen etwas?"

„Nein, nein ... das ist etwas Chinesisches, da wird noch was dran geändert ... wollen wir nicht hineingehen und einen Sherry trinken?"

„Ja, gern!"

Mein Mann hatte sich beeilt und kam bereits zurück. Weil er von der Haustür aus niemanden sah, rief er: „So, kriegen wir alles noch hin, liebe Frau! Nicht nervös werden! ... Bis die Ehrenbergs kommen ... Ach, guten Abend, Frau Ehrenberg, wie schön, Sie bei uns zu begrüßen! Herr Ehrenberg, haben Sie den Weg gefunden?"

Ehrenbergs gaben sich geduldig-liebenswürdig und ignorierten unsere merkwürdige Beschäftigung mit verschiedenen Kohlearten.

„Dein Arbeitszimmer!" flüsterte ich meinem Mann ins Ohr. Er griff die rettende Idee sofort auf und führte unsere Gäste ins Kellergeschoß. Das gab Micha und mir die Chance, die inzwischen vorgeglühten Grillkohlen nun gegen die Eierkohlen im Steamboat auszutauschen. Wir stellten das Ganze auf ein dickes Holzbrett in die Mitte des Tisches.

Wie gemütlich sah es aus, und wie schön war es, sich nun in aller Ruhe sein Essen am Tisch selbst zu kochen. Und wie einfach! Andere Hausfrauen standen stundenlang in der Küche: Vorsuppe, Suppe, Braten, Soße, Gemüse, Nachtisch ...

Die Ehrenbergs wurden an den Tisch gebeten. Auch Isabelle und Micha nahmen – etwas beklommen – Platz.

Die Brühe, frisch eingefüllt und heiß, kochte tatsächlich, aber sie hörte wie immer damit auf, sobald der vierte Korb mit Zutaten hineingelegt wurde. Wir unterhielten uns, reichten Salat und geröstetes Brot, Wein wurde eingeschenkt – alles um Zeit zu gewinnen, um der Brühe Zeit zu geben. Irgendwann mußte sie ja kochen.

Herr Ehrenberg, der deutlicher als seine Frau das Dilemma erkannte, ließ so nebenher mit einfließen: „Also wir, wenn wir draußen grillen und es brennt nicht richtig, wir holen immer den Föhn. Der Föhn bringt es dann in Gang."

Micha war bereits oben im Bad und kam mit dem Föhn zurück. Für Experimente, die mit Feuer zu tun haben, war er sofort zu begeistern. Und – tatsächlich – es wirkte. Ein feiner Funkenregen stieg aus der Öffnung in der Mitte hoch und senkte sich als Ruß auf das weiße Tischtuch herab. Unwichtig! Der Brennvorgang war entscheidend, und er wurde so beschleunigt, daß wir Kohle nachlegen mußten. Micha schaltete den Föhn eine Weile aus – was die Unterhaltung bei Tisch sehr erleichterte – und holte mit einer Zange eine glühende Kohle zum Nachlegen. Er balancierte sie über den Teppich in die Veranda, wo wir aßen.

„Halte doch vielleicht etwas darunter!" sagte ich vorsichtig.

„Ach Mammie! Ich paß schon auf, da passiert nichts!"

Es ist ja auch unangebracht, Kindern vor Gästen Verhaltensmaßregeln zu geben.

„So, noch eine Kohle, und dann ist es richtig voll! Das wird 'ne Hitze geben!"

Aber diese letzte Kohle war schon etwas weiter durchgebrannt, sie hielt dem Druck der Zange nicht stand und zerplatzte in viele kleine Stücke – genau über dem Teppich. Ich sah es nicht gleich, aber ich roch verbrannte Wolle. Micha hatte zwar sofort nach einem Handfeger gegriffen, aber trockene Wolle brennt schnell: Die Glut hatte ein Loch in den Teppich gefressen; klein, schwarz, rund und unübersehbar.

„Jetzt riecht es so anders!" sagte Frau Ehrenberg, die etwas um die Ecke saß. Aber wir winkten ab: „Nichts passiert! Halb so schlimm!"

Wir aßen weiter, das Fleisch wurde gar, aber es schmeckte mir nicht mehr. Der schöne Teppich! Vor zwei Wochen hatten wir ihn gekauft und lange überlegt, ob es nicht ein zu großer Luxus wäre.

„Ach wissen Sie", sagte der Verkäufer, „den haben Sie doch, solange Sie leben! Ein so schönes Stück, der bleibt so, damit passiert nichts!"

Er kannte unsere Familie nicht und ihren Hang zu exotischen Gerichten. Eine heiße Pellkartoffel hätte dem Teppich nichts geschadet, sicher nicht!

Inzwischen habe ich mein seelisches Gleichgewicht wiedergefunden und denke, ich sollte meiner Liebe zu unbeschädigten, vollkommenen Dingen den Abschied geben: Warum darf ein Teppich nicht ein Loch haben? Und warum darf es vor Gästen nicht mal eine Pleite geben?

Am Ende einer Kreuzfahrt

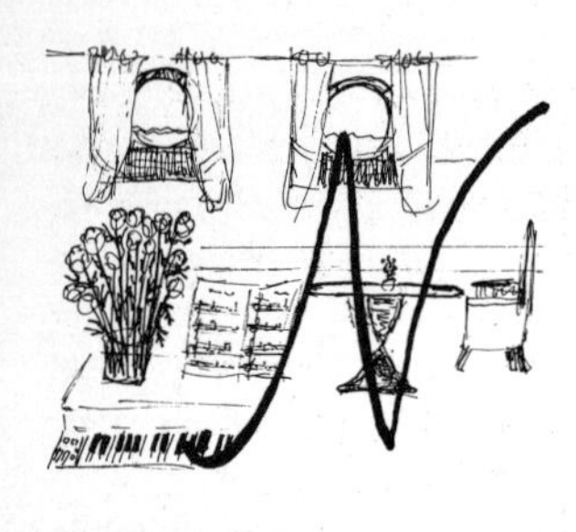

29. Juni

Noch drei Tage dauert die Island-Norwegen-Kreuzfahrt, dann haben „Faszination und Abenteuer“, Verwöhntwerden und Luxus ein Ende. Pünktlich um sieben Uhr morgens wird unser Schiff am Schuppen 73 des Hamburger Hafens festmachen, und die Besatzung – erschöpft vom Bedienen und Wünscheerfüllen – wird ein paar Stunden freihaben und an Land gehen, irgendwo eine Pizza essen und mit Leuten reden, die ganz normal in einer Stadt leben.

Man sieht wieder eine Mutter, die ihrem Kind die Tränen abwischt und dann weiter Fenster putzt, zwei alte Männer, die dort einkaufen, wo die Margarine drei Pfennige billiger ist. Ein kurzes Eintauchen in das alltägliche Leben, dann geht es zurück zu harter Arbeit: unter Deck, auf Deck, damit das Schiff ein Traumschiff bleibt.

Der Kapitän hat sein Motorrad an Bord, mit dem er während des Landaufenthalts weite Strecken zurücklegt – ein Ausgleich zu dem engen Lebensraum des Schiffes – Länge 164 m, Breite 22,6 m.

Der Pianist nimmt sein teures Angelgerät und geht dorthin, wo ihn keiner anredet und niemand sagen kann: „Spielen Sie doch mal ‚Rosemarie, Rosemarie, sieben Jahre mein Herz nach dir schrie‘.“ Sein Herz schreit nach Ruhe und Alleinsein.

Unser Schiff liegt jetzt im Hafen von Tromsö. Ich will den Hang dort drüben hinauflaufen. Er ist so wunderbar grün. Wie wohltuend ist das nach den vielen Tagen, an denen es nur Wasser, Sturm, Felsen und das Grau des Himmels gab.

Hier wachsen schon wieder Sträucher und Bäume, nicht nur Moose, Farne, hartes Gras oder Krüppelkiefern und Birken, so dicht an den Boden gepreßt, daß der Sturm ihnen nichts anhaben kann. Als ich auf halber Höhe bin, breitet sich vor mir ein großes Feld mit Trollius und Hahnenfuß aus, ein Grün und Gelb, das blendet.

Ich setze mich auf einen Felsvorsprung und lasse diese Landschaft in mich eindringen. Tief unten im Hafen liegt unser Schiff mit seinem lückenlosen Bordprogramm: „Kein Augenblick Langeweile!“ Und was versprochen ist, muß man halten. Aber ich genieße die Ruhe und diese kurze Zeit des Alleinseins. Einen großen Strauß Trollius pflücke ich und tausche dann später auf dem Schiff die rosa Nelken auf unserem Tisch – haltbar, aber häßlich – gegen diese herrlich gelben Bälle aus.

Auch auf die Orgel in der Gardenlounge stelle ich einen Strauß. Jan, unser tschechischer Pianist, wird sich freuen.

Da kommt eine Amerikanerin auf mich zu. „Wie schön, Sie zu treffen. Ich würde gern mit Ihnen sprechen. Hätten Sie ein paar Minuten ...“

„Ja, natürlich, setzen wir uns.“

Ich habe während der ganzen Reise den Eindruck, daß meine Arbeit als Schiffspastorin eher an den Kaffeetischen, bei Landausflügen, an Deck, am Pool oder in den Lounges stattfindet als in dem für die Gottesdienste vorgesehenen Theatersaal. Auch zu den Andachten kamen nur wenige Passagiere.

Das hat mich zu Anfang sehr deprimiert. Ich dachte: „Wozu bin ich hier auf dem Schiff? Zu Hause gäbe es soviel zu tun!“ Dann las ich – an einem Nachmittag – in den Meditationen eines englischen Theologen: „Fange an, für die Menschen um dich herum zu beten, tritt das innere Priesteramt an. ‚Der Herr wandte das Gefängnis Hiobs, als er für seine Freunde bat.‘ In welche Lage Gott dich auch immer versetzen mag, bete jetzt für alle Menschen, mit denen du in Berührung kommst ...“ War das meine Arbeit hier auf dem Schiff? Als ich es tat, wurde ich viel gelassener. Gott selbst würde sich Gehör verschaffen, wo er es wollte.

Nach dem Gespräch mit der Amerikanerin – immer wieder möchte man, daß jemand zuhört und antwortet; auch das gehört zum Luxus des Schiffes – gehe ich an die Reling. Bald werden wir ablegen.

Da sagt Christa, die Sportlehrerin: „Komm, trinken wir einen Gin-Tonic im Club Viking, da spielt Jan jetzt seine Cocktail-Musik. Der freut sich, wenn ein paar mehr Leute zuhören."

Jan spielt: „Lilli Marleen". Keine Reaktion. Er versucht: „Wenn bei Capri die rote Sonne ..." Etwas merkwürdig in diesen nordischen Gewässern – aber: schwacher Applaus. Er bedankt sich mit einem Kopfnicken. Jetzt spielt er Klassik. Keiner merkt, daß er aufhört. Er blättert in den Noten, legt sie weg, das meiste kennt er auswendig. „Hörst du mein heimliches Rufen ...", ein altes Ehepaar lächelt. Man freut sich über das, was man kennt.

Als er Christa und mich sieht, spielt er wieder: „Amazing Grace ..." Ich habe ihm einmal gesagt, daß ich die Melodie gern mag, und nun spielt er sie immer, wenn ich irgendwo auftauche; zum Beispiel auch in der übervollen Café-Lounge. Es ist seine Art der Begrüßung. Der „Staff" hält zusammen.

„Ist es nicht mühsam", frage ich ihn, „zu spielen, wenn nur so wenige kommen? Und die wenigen nur halb zuhören, weil sie sich unterhalten?"

„Das ist so auf dem Schiff", sagt Jan und lächelt, „ich zähle nicht, ob es drei sind oder neun. Wenn einer sich freut, ist es gut. Für Freude lohnt Arbeit sich."

Er weiß nicht, wie sehr er mich tröstet. Ich sollte es ihm sagen. Warum sagt man so selten, was man einander verdankt? Christa versteht meine Zweifel an der Arbeit der „Bordgeistlichen" nicht recht.

„Eine Kreuzfahrt ist kein Kirchentag und keine Pilgerreise! Freu dich über das, was du tun kannst. Sieh das Positive!"

Christa Bones, gebürtige Deutsche, lebt seit über zwanzig Jahren in Kalifornien. Sie hat nach dem frühen Tod ihres Mannes ihre drei Töchter allein großgezogen. Im Reisebüro hat sie gearbeitet, als Fremdenführerin, und nun ist sie auf Schiffen engagiert: Frühgymnastik: „Stretch your imagination“ – auf deutsch und englisch. Sie hat es geschafft.

Geholfen hat ihr Reverend Schuller, ein amerikanischer Fernsehpastor, der ihr und vielen Menschen Mut gemacht hat, ihr Leben in die Hand zu nehmen und mit Gottes Hilfe erfolgreich zu sein. „Das Problem bei den Deutschen ist“, sagt sie, „daß ihnen Selbstachtung fehlt. Sie haben keinen Lebensmut. Das einzige, wovon sie fest überzeugt sind, ist: Ich schaffe es nie! Also, lies doch mal das Buch von Schuller! Ich bin gespannt, was du dazu sagst.“

Ich habe es gelesen: eine halbe Nacht durch, weil es mich gleichermaßen faszinierte wie abstieß. Solch ein gradliniges Erfolgsdenken ist mir fremd und auch unmöglich.

„Gott will meinen Erfolg“, heißt es da, „und wenn ich einen Schritt vorangekommen bin, sitzt er selbst in der ersten Reihe und applaudiert mir.“ Oder: „Glauben heißt: Gottes Traum mitträumen. Die eigenen Zweifel in Frage stellen. Im Dunkeln pfeifen. Mit Erfolg rechnen.“

Ich würde in Anlehnung an Bonhoeffer eher sagen: Gott führt uns nicht immer zum Erfolg, aber immer zu sich. Trotzdem mag ich Christas Lebensmut.

Ich erinnere mich an die Nacht, als wir um England herum auf die Südspitze Irlands zusteuerten und in ein Sturmtief gerieten, Windstärke zehn. Fast alle lagen in den Betten. Es wurde nicht mehr gekocht, gebohnert oder Klavier gespielt. Am Morgen war es nicht besser. Da rief mich Christa in der Kabine an: „Heute ist kein Sport! Ich liege auch. Die halbe Mannschaft liegt. Wie geht es dir?“

„Schlecht!“

„Macht nichts! Tough times never last, tough people do!“ („Rauhe Zeiten vergehen, zähe Leute bleiben.“)

„Danke, Christa!“

Ich gab ihre Aufmunterung weiter an Gäste, deren Kabinen-Nummer ich auswenig wußte.

Heiterkeit hilft.

Gegen Mittag gelang es mir, aus dem Bett zu kriechen und das Achterdeck zu erreichen. Hier sah man die Ursache des Übels: Zehn Meter hohe Wellen! Phantastisch!

Die frische Luft tat gut. Aber ich konnte mich keine zwei Minuten auf den Beinen halten. So war es am besten, sich flach auf den Boden zu legen und auf etwas Waagerechtes zu sehen, zum Beispiel auf die weißen Fugen zwischen den Holzbrettern der Lido-Bar. Nach einem Vanilleeis und viel Tee wurde ich dann schon fast übermütig. Ich lockte meine Mitpassagiere an die frische Luft, holte ihnen Wolldecken und Kamillentee.

Eine ältere Dame sagte: „Wie gut, daß wir eine Pastorin haben, der Doktor ist nämlich auch seekrank."

Extreme Situationen verbinden. Ich konnte während der schlimmsten Phase – wenn überhaupt – nur eines denken: „Wie teuer wäre wohl ein Hubschrauber, der mich senkrecht vom Schiff hebt und irgendwo an Land setzt?" Wie sich später zeigte, hatten das viele gedacht.

Am Abend aber, als Peter Klein sein Klavierkonzert gab – Bach, Mendelssohn, Grieg, Debussy –, saßen wir schon wieder wie Musikexperten würdig in unseren Sesseln (vorgeschlagene Garderobe: Smoking, Abendkleid). Der Pianist begann mit dem Bachchoral: „Wohl mir, daß ich Jesum habe ..."

Wie wunderbar ist das nach solch einem Tag. Und wie wohltuend ist diese Klarheit in dem Vielerlei des Bordprogramms.

Es waren sogar einige Gäste zur Abendandacht vorher gekommen. Wenn man vor lauter Wellen den Himmel nicht mehr sieht, scheint er einem doch zu fehlen.

1. Juli

Und nun der letzte Tag an Bord. Ich stehe früh auf. Ab halb sieben gibt es an der Lido-Bar Kopenhagener und Kaffee für die wenigen Leute, die nicht ausschlafen. Die Mitternachtssonne hielt uns bis zwei Uhr wach. Und jetzt dieser stille Morgen, schwer wie Blei. Das Meer ist so ruhig, daß ich die Spur unseres Schiffes lange sehe, eine halbe Meile wohl. Nur das leise Motorengeräusch und jetzt das Klicken der Liegestühle, die von den Stewards aufgestellt werden, weil man für den Nachmittag mit Sonne rechnet. Irgend jemand spielt Tonleitern, Etüden dann. Durch das getönte Glas des Musikzimmers sehe ich, daß es Jan ist. Später kommt er zum Kaffee. „So früh spielst du schon?“

„Ich muß“, sagt er, „drei Tage habe ich nichts getan; man verkommt auf dem Schiff so schnell ... Und du gehst morgen in Hamburg von Bord?“

„Ja.“

„Kommst du wieder?“

„Ich weiß noch nicht.“

„Du kommst wieder, jeder kommt wieder! Also, vielleicht treffen wir uns später einmal auf einem anderen Schiff? Mein Vertrag hier gilt noch drei Monate. Danach bin ich dann wieder Musiklehrer in München. Ich werde Schüler haben, Kinder unterrichten. Kinder sind wunderbar! Aber zwischendurch etwas von der Welt sehen – das ist auch gut ... Heute abend spiele ich dir noch mal: ‚Amazing Grace‘.“

„Schön! Vielen Dank! Kennst du eigentlich den Text? ‚Erstaunliche Gnade, die auch mich gefunden hat. Ich war verloren und bin gefunden, ich war blind, und nun kann ich sehen!‘“

„Ich kenne fast immer nur die Melodien, aber ich denke auch so. Ich glaube an Gott, nur aus der Kirche bin ich ausgetreten – die ist mir zu weit weg von den Menschen ... Also, bis zum nächsten Mal!“

Der Abschied von Christa war kurz. Sie würde zwei Monate später wieder mit dem Schiff in Hamburg sein und wollte uns besuchen. Hände schütteln, viele Wünsche, auch Dank.

Und Morgen abend kommen dann die neuen Gäste, die zuerst alles dankbar und erstaunt hinnehmen, sich schnell an den Luxus gewöhnen und anfangen, nach kleinen Fehlern zu suchen. „Der Service ist zu langsam! Auf der Ananas fehlt der Cointreau!“

Sie kennen die Stewards und reden zuviel mit ihnen, kommen zu spät zum Essen und benutzen den Pool, wann sie wollen, weil sie sich ganz zu Hause fühlen. Dann wird es Zeit, daß sie aussteigen und sich ihren Kaffee wieder selbst kochen.

Niemand hat noch ergründet,
wie der Mensch sich verändert,
wenn er den Ort verändert, und welche
geheimen Verwandlungen da sich mit ihm vollziehen.
Ist man derselbe an einem anderen Ort?
Ich sinne oftmals darüber,
und es erscheint mir fast zweifelhaft.

So schön sind die Reisen niemals gewesen,
wie sie in den Augenblicken des Heimkommens sind.
Da reist man und reist man
und wird sich eines Tages bewußt,
daß man auf Reisen ununterbrochen Heimweh aussteht.
Gibt man das zu, so ist man
vielleicht auch zu dem Eingeständnis bereit,
daß es überhaupt der verborgene Sinn allen Reisen ist,
Heimweh zu haben …
So handelt es sich nach langer Zeit also
wieder einmal darum, sich ein
fremdes Zimmer zu eigen zu machen:
dabei nimmt man, was Heimat und Fremde ist,
deutlich wahr.

Erhart Kästner

Wenn Weihnachten vorbei ist

eute abend soll der Weihnachtsbaum „geplündert“ werden. Die trockenen Zweige kommen in den Kamin, sie werden knistern und knacken und noch einmal weihnachtlichen Duft verbreiten. Dazu gibt es Glühwein.

Aber noch steht er da; ganz unversehrt mit seinem dunklen Grün und den weitausladenden Ästen. Er macht das Zimmer friedlich und behaglich. Die Schokoladenkringel sind schon abgeerntet, aber ich will noch ein paar Kerzen aufstecken.

Es ist früher Nachmittag, ich bin allein zu Hause. Wie schön unser Baum wieder ist! Ein bunter Kinderbaum wie für eine Bauernstube – mit Äpfeln und Sternen, Glaskugeln, Brezeln, Vögeln und Lametta. Und darunter die Krippe mit den Figuren aus Lehm, bunt bemalt. An einem Adventssonntag haben wir sie mit Freunden zusammen gemacht. Nun sollen die Figuren alle wieder verpackt und weggestellt werden – es fällt mir jedes Jahr schwer.

Solange der Baum noch im Zimmer ist, habe ich das Gefühl: Die Zeit steht still. Diese letzten zwei Wochen waren so etwas wie eine Schlafhöhle. Die Arbeit des letzten Jahres war getan, das neue Jahr hatte still, fast unbemerkt angefangen, ohne Hektik und große Ereignisse. Und nun sollen wir wieder hervorkommen ans helle Tageslicht.

In der Mitte des Baumes, geschützt, ganz nahe am Stamm hängt wieder die halb-hohle Kugel mit der kleinen Kirche darin; eine Kirche mit rotem Dach im Zuckerbäckerstil, amerikanischer Kitsch. Gute Freunde hatten sie uns vor vielen Jahren in Papua Neuguinea geschenkt. Sie hat die weiten Reisen über die Meere und den Umzug in Hamburg überstanden, so darf sie nun bei uns bleiben. Die Kinder haben sie immer geliebt, Micha besonders.

Und der Vogel aus dünnem silbrigen Glas – der Schwanz wie ein Pinsel, der Schnabel schwarz. Meine Nachbarin gab ihn mir, weil er mich so an Kindertage erinnerte. Ich weiß nicht, wie alt er ist.

All das soll nun wieder sorgfältig in Seidenpapier verpackt werden und in kleinen Pappschachteln bis zum nächsten Jahr liegen. Was dann wohl sein wird? Werden wir alle zusammensein und den neuen Baum schmücken?

Ich höre noch einmal den letzten Teil des Weihnachtsoratoriums. Da kommt wieder die Stelle mit dem Kratzer. Sie stört mich nicht, weil sie – viele Jahre schon – dazugehört.

„Doch seht, mein Heiland wohnet hier.
Was will der Hölle Schrecken nun,
was will uns Welt und Sünde tun,
da wir in Jesu Händen ruhn!“

„Mein Schatz, mein Hort, ist hier bei mir ...“, immer wiederholt, bis es tief ins Herz gesungen ist; so tief, daß es bleibt.

Und dann der triumphierende Schlußchoral: „... bei Gott hat seine Stelle das menschliche Geschlecht.“

Kein Abschied also, sondern ein Mitgehen und Bleiben.

Und Epiphanias als das Licht, das nach vorn weist: Bis hin in eine Zukunft leuchtet es, in der es keine Finsternis mehr gibt.

„Finsternis ist nicht finster bei dir“, sagt Psalm 139.

Die kleinen Lichter am Weihnachtsbaum werden ein Jahr lang nicht leuchten, aber Jesus Christus, das Licht der Welt, geht den Weg durch das neue Jahr mit.

Ein Jahr, das ich anfangen darf mit der Bitte des Weihnachtsoratoriums:

„Jesus richte mein Beginnen,
Jesus bleibe stets bei mir,
Jesus zäume mir die Sinnen,
Jesus sei nur mein Begier,
Jesus sei mir in Gedanken,
Jesu lasse mich nicht wanken."

Auf dem Tisch stehen die ersten Kätzchenzweige und Gänseblümchen – gestern bei einem Spaziergang am Elbdeich gepflückt, unter einem offenen, hellen Januarhimmel. Sie weisen nach vorn.

Nach dem Winter

Eine Hummel fliegt laut brummend durch die offene Tür ins Wohnzimmer. Sie ist noch benommen vom Winterschlaf und braucht lange, um durch die große Öffnung wieder ins Freie zu gelangen.

Der Dackel, der den Winter über aufgerollt wie eine Schnecke in seinem Korb geschlafen hat, bleibt jetzt mittags draußen. Er sitzt auf einer Fußmatte und blinzelt in die Sonne.

Meine Nachbarin, die ich im Winter kaum sehe, geht mit ihrer kleinen Tochter spazieren. Und obwohl sie selbst sich vor Hunden fürchtet, sagt sie zu der zweijährigen Stefanie: „Möchtest du den Hund mal streicheln?"

Das Kind möchte, aber der Dackel möchte nicht.

Susanne und Isabelle brauchen jetzt morgens für die Wahl ihrer Blusen, Sweatshirts und Jeans länger als für das Frühstück.

Die Goldfische im Gartenteich kommen aus den tieferen Schlammschichten an die Oberfläche. Fast unbeweglich stehen sie nebeneinander und lassen sich den Rücken von der Sonne wärmen.

Die Enten suchen Nistplätze am Rand des nahen Tümpels. In aller Ruhe überqueren sie die Straße – als gäbe es keine Autos. Oder sie fliegen pärchenweise im Steilflug über die Häuserreihen. Das tun sie zu keiner anderen Jahreszeit. Der Winter ist vorbei. Ich will Primeln vor das Küchenfenster pflanzen.

Die Pappel an der Asphaltstraße

itte Januar. Der Himmel ist blaßblau, ohne Wind und Regen, zwei Grad über Null.

Es zieht mich wieder zu meiner Weidenpappel. Dabei weiß ich gar nicht, ob das der richtige Name ist für den weitausladenden Baum, der nicht übermäßig groß, aber auch nicht klein ist. Vielleicht fünfzig Jahre alt. Er steht an der linken Seite einer schmalen, asphaltierten Straße mit Gräben und Thujahecken auf beiden Seiten. Dahinter die Felder der Baumschule.

Oft schon bin ich diesen Weg gefahren oder gegangen, ohne den Baum je wahrzunehmen. Er fällt wirklich nicht auf.

Aber eines Tages sah ich ihn plötzlich. Ich dachte: „Wie gelassen er dieses naßkalte, unfreundliche Wetter erträgt – ohne Klage. Er streckt seine Zweige in den Himmel, der doch nur nasse Kälte bringt."

Ich glaube, von diesem Tag an empfand ich so etwas wie Achtung, beinahe Freundschaft für ihn.

Einige Zeit später besuchte ich ihn wieder. Und merkwürdig: Ich erwartete, daß er mir etwas sagte, so wie ein Freund mit einem redet. Aber er schwieg. Ich ging ganz langsam an ihn heran. Und als ich nach oben blickte, bildeten die Äste und Zweige – obwohl kahl – ein Dach über mir, wie ein liebevoller Schutz. „Ich bin da! Genügt es nicht, daß ich da bin?" schien er zu sagen. Ich fühlte mich wohl in seiner Nähe, es fiel mir fast schwer weiterzugehen.

An einem anderen Tag war die Sonne schon untergegangen. Aber ihre letzten Strahlen erreichten noch den oberen Teil der Baumkrone. Die grau-braunen Zweige leuchteten warm und schön. Ohne den Baum hätte ich die Sonne nicht mehr gesehen. Manchmal braucht man einen Freund, um zu sehen, daß die Sonne noch da ist.

Anfang März gab es einen so nichtssagenden grauen Tag. Ich wollte ein Stück hinausgehen und meine Pappel besuchen. Kaum ein Zweig bewegte sich. Es gab nichts Besonderes.

„Heute redet er nicht mit mir", dachte ich. Aber als ich weiterging, hörte ich die winzige Stimme einer Kohlmeise, hoch oben im Wipfel. Ganz zart und fern. Ich verstand: Er wollte mich nicht ohne ein Lied gehen lassen. Nicht ohne Vorfreude auf den Frühling.

Dann sah ich, daß die Pforte zur angrenzenden Baumschule heute offen stand. So konnte ich hineingehen und meine Pappel diesmal von der anderen Seite ansehen. Sie war schön mit ihrem grünlich bemoosten Stamm und der Rinde, grob und zerklüftet.

Dann sah ich, daß sie an dieser Seite eine große Narbe hatte; eine Verletzung durch Maschinen der Baumschule vielleicht. Nun war dieser Baum noch mehr mein Freund: nicht makellos, nicht exotisch, Wind, Regen und Verletzungen ausgesetzt – aber er lebte weiter. Zwei Äste waren herausgebrochen vom Herbstwind wohl.

Manchmal bin ich mit dem Fahrrad an meiner Pappel vorbeigefahren. Aber diese flüchtigen Besuche schätzte sie nicht. Sie tat, als würde sie mich nicht kennen, ließ mich einfach weiterfahren. Genauso verhält sie sich, wenn zufällig andere Leute mit ihren Hunden dort vorbeigehen. Sie schweigt. Ich verstehe das. So ist es mit Freundschaft und Sympathie: Sie vertragen keine Zuschauer.

Inzwischen habe ich mir in unserer Buchhandlung ein Fachbuch über Bäume besorgt und nachgeschlagen. Dieser Baum ist eine Populus nigra – eine „Schwarzpappel"; eine „Weidenpappel" gibt es gar nicht. Die Schwarzpappel sei genügsam und robust, liebe Straßenränder und Feuchtigkeit, sei anspruchslos und einer der häufigsten Bäume Europas. Ich weiß nun viele Einzelheiten über Vorkommen und Wuchs, Blätter und Borke, deren dunkle Farbe ihr den Namen gegeben hat. Aber weiß ich deshalb mehr von diesem Baum?

Manche Menschen können ihr Glück still für sich behalten. Ich nicht. Ich erzählte Barbara während einer Kirchenkreissitzung von meiner neuen Freundschaft.

„Und", lachte sie, „redest du auch mit ihm?"

„Nein, aber er mit mir!"

Sie sah mich mit dem liebevoll-besorgten Blick einer Krankenschwester an und gab mir auf alle Fälle ihre Telefonnummer. Und ich versuchte, ihr während der folgenden Sitzungsstunden zu beweisen, daß ich völlig normal war. Ob sie es mir noch glaubte?

Früher unternahmen Menschen lange Pilgerreisen – sie tun es auch noch heute – zu heiligen Orten und wundertätigen Marienbildern. Oder sie strömen in Scharen zu Popsängern, Gurus und berühmten Gitarristen. Auch ich habe solche Zufluchtsorte, an denen sich Himmel und Erde treffen. Es sind Menschen in Münster, Stuttgart, Hamburg oder Herford. Und manchmal ist es meine Schwarzpappel an der schmalen Asphaltstraße.

An einem sonnigen Tag Ende März zog es mich wieder hin. Eigentlich müßte sich der Baum ein wenig verändert haben, dachte ich. Die Knospen der Kastanie waren schon groß und klebrig. Aber diese schienen ganz stumpf und trocken, als spürten sie nichts vom Frühling.

„Ich habe meine Zeit!" schien er zu sagen. „Siehst du den blauen Himmel durch meine Zweige hindurch? Ist er nicht schön? So klar und so blau siehst du ihn später nicht mehr. Jetzt ist es Zeit für dieses Blau, später ist das Grün dran."

Er hatte ja recht – nur wußte er nicht, daß es in diesem Jahr für ihn kein Grün mehr geben würde.

Als ich eine Woche später wiederkam, hatte man den Baum gefällt und abtransportiert. Die Straße sollte verbreitert werden, und auf einen Baum kam es nicht an; es war nur eine gewöhnliche Schwarzpappel, einer der häufigsten und robustesten Bäume Europas. Das neue Fabrikgelände brauchte eine breitere Straße.

Die Schnittfläche war noch feucht, der Bagger würde den Stubben und die Wurzeln herausreißen und alles einebnen. Ich hätte meine Hand so gern noch einmal auf die helle, klebrige Holzfläche gelegt, um den Saft des Baumes zu spüren und ihm so „Auf Wiedersehen" zu sagen. Aber es waren zu viele Leute da. So sammelte ich ein paar der herumliegenden Zweige auf. Vielleicht öffneten sich die Knospen im warmen Zimmer ein wenig. Vielleicht würden sogar Wurzeln wachsen, so daß ich die Zweige im Garten einpflanzen könnte? Ich will in der Baumschule fragen.

Der Gärtner sagte: „Zweige von einer Schwarzpappel? Wird wohl nichts werden! Ach, wissen Sie, das lohnt nicht. Ist kein besonderer Baum. Ich kriege demnächst eine Ladung von Setzlingen, dieselbe Sorte. Dann holen Sie sich doch ein paar, wenn es unbedingt Schwarzpappeln sein müssen. Aber es gibt ja wirklich schönere Bäume. Finden Sie nicht auch?"

„Nein!"

Zuckerguß und Osterfarben

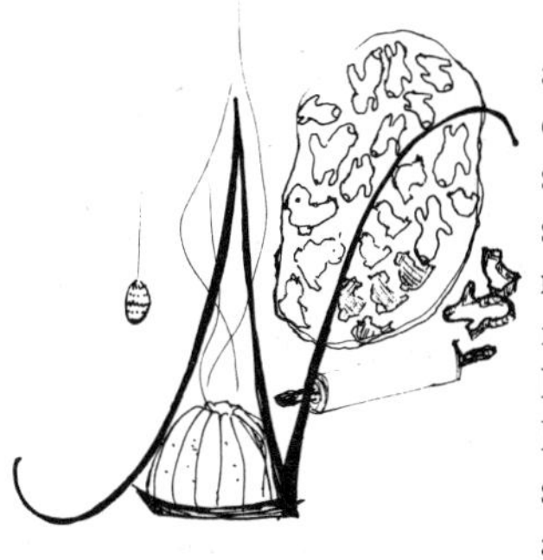

atürlich weiß ich, daß unsere Kinder älter werden. Aber dann gibt es so einen Augenblick, der dies schlagartig deutlich macht. Heute nachmittag erging es mir so, als ich mit den gerade erst eingekauften Kuchenförmchen – Osterhasen, Küken und Enten – in der Küche stand, Plätzchen ausstach und sie auf das Blech legte. Eigentlich hatte ich die Förmchen für die Kinder gekauft, auch Zuckerguß und Lebensmittelfarben, wie jedes Jahr.

Aber nun waren Susanne in London, Johannes in Berlin, Micha sah sich die neuesten Rennräder an, und Isabelle spielte mit Sandra. Anscheinend hatte nur ich Vergnügen daran, daß die Plätzchen zu Ostern „österlich" aussahen. Ich war es so gewohnt und wollte – wie immer – einen großen bunten Ostertisch. Und ich wußte: Wenn sie dann alle wieder da sind, unsere großen Kinder – zwölf und vierzehn, siebzehn und zwanzig Jahre alt –, dann werden sie zuerst nach den Osterhasen greifen, und bevor wir den zweiten Kaffee getrunken haben, wird alles aufgegessen sein.

Einige Wochen später, als wir an einem Sonnabend mit Zeitungen, Büchern und einem Glas Wein in unserer Veranda saßen, kam Susanne und setzte sich zu uns. Sie hatte das alte braune Kochbuch meiner Urgroßmutter in der Hand.

„Suchst du ein Rezept? Willst du backen oder kochen?"

„Nein, es macht mir nur Spaß, darin zu lesen. Schon allein die Rechtschreibung! ‚Giebt' und ‚thut', so hat man also vor 130

Jahren geschrieben. Und warum ,Brod' mit ,d'? Überhaupt, das sind ja Kalorienbomben: ,Eine Stange Vanille wird in einem Quartier Rahm eine Viertelstunde gekocht, dann zu dem übrigen Rahm gegossen, den man mit zehn Eidottern tüchtig schlägt und 3/4 Pfund Zucker darin auflöst. Dann setzt man Rahm und Eier zu Feuer und peitscht oder quirlt ihn mit einer Ruthe ...' Also nein! Und das alles für eine Vanillesoße! Und wer soll die essen?"

Mein Mann wollte gerade anfangen, die schwerverdaulichen Gerichte dieser „Holsteinischen Küche" von Johanna Kuß zu verteidigen, als Susanne ihm zuvorkam: „Ja, ja, ich weiß, es war so fett und süß, weil die Leute zehn Stunden am Tag auf dem Feld gearbeitet haben und dann aus Spaß noch ihre Vorgärten in Ordnung brachten ..."

„Genau! Aber gib mal her! Da müßten doch auch ,Dithmarscher Mehlbeutel' drin sein, die aß mein Vater so gern. Aber meine Mutter machte sie fast nie. Ich mag sie auch so gern! Und heiße Himbeersoße gehört dazu. Hier! Da haben wir sie ja schon: ,Warmer Mehlpudding ohne Eier', ,Einfacher Mehlpudding', ,Eine andere Art', ,Noch eine andere Art', ,Eine bessere Art' – das machen wir! Susi, wir beide! Morgen kochen wir Mehlpudding! Hol schon mal die alte Form vom Boden. Man kann ihn auch im Tuch kochen. Wir machen zwei, damit es reicht! Haben wir alles dafür im Haus? Mehl natürlich und Hefe, Sahne, Rosinen, Himbeeren ... morgen um vier fangen wir an, dann sind wir um acht Uhr fertig. Das ist doch eine gute Zeit, Mehlbeutel zu essen, findet ihr nicht? Und Mammie wird aus der Küche verbannt."

Susannes Begeisterung wuchs. Auch Micha wurde eingeweiht: „Wir kochen ein archäologisches Essen! Machst du mit?"

Micha, der Skeptische, fragte: „Und? Ist das mit Fleisch?"

„Nein, mit Rosinen!"

„Mag ich nicht."

„Hm! Dann kochen wir es eben alleine!"

Als ich am nächsten Tag auf dem Höhepunkt der Aktivitäten in die Küche kam und helfen wollte, daß z.B. der Mehlbeutel auch gut mit Wasser bedeckt war, sagte mein Mann: „Ich glaube, es ist einer zuviel in der Küche! Geh doch ruhig, und schreib weiter an deinem Buch! Aber nichts von uns schreiben!!!"

„Nein! Was sollte ich denn da schreiben? Etwa, wie ihr ‚Dithmarscher Mehlbeutel' kocht?"

„Das kann man bei dir nie wissen. Du kriegst es fertig und machst daraus eine Geschichte."

„Nie! Ich verspreche es."

Eins allerdings habe ich verstanden: Wenn man mit Kindern backen oder kochen will, muß es ein hundert Jahre altes Rezept sein. Man darf es nur einmal im Jahr tun und muß den Abwasch hinterher selbermachen oder stehenlassen, vom Mülleimer ganz zu schweigen. Andere Zeiten, andere Sitten!

Trittbrettfahrer

ammie? Hast du eine Batterie für mich?“ fragte Micha.

„Nein. Die eine, die ich hatte, habe ich dir gestern schon gegeben!“

„Ja, aber ich brauche zwei ... für die Taschenlampe, wenn wir morgen zu Tim gehen.“

„Wieso, haben die Petersens keinen Strom?“

„Doch, schon. Es ist wegen dem Geist. Seit die Großmutter gestorben ist, heult der immer durchs Haus: hu – huuuu. Die Mutter hat solche Angst, darum wollen Christian und ich da hin. Ich habe keine Angst vor Geistern.“

„Ach, Micha, das ist doch der Wind oder ein Hund in der Nachbarschaft, der da heult.“

„Mammie, du verstehst das vielleicht nicht. Aber es gibt doch mehr, als man versteht, oder?“

„Ja, schon!“

„Also, wir gehen dann nachher und bleiben bis morgen. Christian nimmt den Staubsauger von seiner Mutter mit.“

„Staubsauger? Wozu das?“

„Ja, wenn er heult, saugen wir ihn einfach rein. Das geht natürlich nur, wenn er aus Luft ist. Aber die meisten Geister sind ja aus Luft.“

Leider kam es nicht zu dieser Rettungsaktion – für die ich wohl auch noch eine zweite Batterie gefunden hätte –, weil eine alte kränkliche Tante zu Besuch kam. Und später? Später war die Chance verpaßt, der Geist heulte kaum noch, und die Familie ist dann – wer will ergründen, weshalb – aus Hamburg weggezogen.

Die Zeiten aber, wo es wichtig war zu zeigen, daß man sich vor Geistern – heulend oder stumm – nicht fürchtet, sind vorbei.

Und noch länger ist es her, daß Micha seinem Vater, der für ein paar Wochen in Papua Neuguinea war, folgenden Brief schrieb:

„Lieber Väti, in der schule hat meine lererin Mich ser gelubt. Und ich hbe mich gefrt über deine Kate. Herzliche gruse, dein Micha."

Im zweiten Schuljahr dann schrieb er nach zwei Ferienwochen in Österreich eine Geschichte über sich selbst:

„Es war ein Junge und der hies Micha. Der hate ein Taschenmesser. Und eines tages war Micha an eim See. Er hate das taschenmeser in seiner husentasche. Er schbielte am See. Dabei fiel ihm das Meser inn See. Er weinte."

Inzwischen sagt Micha: „Ich fahre mit Claudia und Alexandra zum Dom. Peter und Thorsten kommen auch mit. Ist das okay?"

„Zum Dom? Muß das sein? Es passiert so viel mit den Karussells und Luftschiffen. Stand gerade wieder in der Zeitung!"

„Ich gehe in den Ranger!"

„Ist der nicht gefährlich?"

„Mammie!! Das ganze Leben ist gefährlich. Aber ihr könnt doch nicht ständig auf uns aufpassen!"

„Und wann kommt ihr zurück?"

„Claudias Vater holt uns ab, wenn er von seinem Betriebsausflug zurück ist."

„Gut."

„Guck mal, früher da habt ihr immer neben uns gesessen und uns an der Hand gehalten im Bus oder in der Bahn. Aber jetzt ist es anders. Ich bin fast fünfzehn! Jetzt genügt es, wenn ihr ab und zu mal aufspringt – aufs Trittbrett – und da seid, wenn es nötig ist."

„... und nicht vergeßt, wieder abzuspringen, nicht?"
„Ja, genau!"
Und ich denke: Trittbrettfahrer – welch eine Karriere! Vielleicht brauchte ich einen Nebenberuf.
„Morgen", sagt Micha, „morgen nachmittag ... könnten wir da für die Mathearbeit üben? Bist du zu Hause?"
„Ja, ich bin da."

Ich stand in der Küche und machte Bratkartoffeln, als Micha aus der Schule kam. Vom Duft angelockt steckte er den Kopf zur Küche hinein. „Was gibt's? Riecht so gut! ... Übrigens, Schlagzeuger, das wär'n Beruf!"
„Aber ob man davon leben kann?"
„Wenn man gut ist, schon; man muß eben Spitze sein. Oder: Flugzeugmechaniker, das wär auch toll."
Ich sagte so nebenher: „Du könntest ja auch Pastor werden!"
„Pastor? Ne! Ich will was Richtiges machen!"
„Das ist doch was Richtiges!"
„Nein, ich meine einen Beruf, der Spaß macht."
„Du, mir macht das Spaß!"
Micha war skeptisch: „Spaß? Den Leuten immer sagen, was sie gar nicht hören wollen? Ne, ich bin nicht so'n Typ. Ich könnte nie sagen: Liebe Schwestern und Brüder, nun lasset uns ... ne! Außerdem studiert Johannes schon Theologie. *Ein* Pastor in der Familie reicht. Ich werde Mechaniker und überprüfe dann die Flugzeuge, mit denen ihr in den Urlaub fliegt. Susanne möbliert eure Wohnung aus ihrem Antikmöbel-Lager, und Isabelle, unsere Krankenschwester, pflegt hinterher euren Sonnenbrand. Was wollt ihr mehr?!"
„Wir wollen jetzt erst mal Bratkartoffeln!"
„Na gut!"

Danke für zwanzig Jahre Wohnen!

enn das erste Kind eingeschult wird, denkt die Mutter: Jetzt muß ich es hergeben! Nun wird es fremden Einflüssen ausgesetzt sein. Ob es immer gute sind? Als ich Johannes in der internationalen Schule in Goroka/Papua Neuguinea abgeliefert hatte – die graue Schuluniform war vorgeschrieben –, betete ich auf dem Rückweg: „Lieber Gott, behüte ihn vor Verletzungen und Enttäuschungen, laß ihn fair sein gegen andere, und laß ihn gute Freunde finden ..."

Und jetzt? Die dreizehn Schuljahre, teils in Neuguinea, teils in Deutschland, waren glückliche Jahre, ohne wirkliche Probleme. Wie schnell kam der Tag der Abiturfeier – mit einer Rose und einer Rede, dem Zeugnis natürlich, und dann war er ein freier Mensch.

Unmittelbar darauf begann seine Zivildienstzeit. Noch wohnte er bei uns, doch sein Freund Ullo und er suchten eine Altbauwohnung in Altona. Es sei jetzt an der Zeit.

„Lohnt es denn noch?" fragten wir. „Wenn du in einem halben Jahr sowieso zum Studium in eine andere Stadt gehst? Der Umzug, die Kosten und alles?"

„Ich glaube ja."

Wir hofften, daß er so schnell keine Wohnung finden würde. Aber er fand eine.

„Nächsten Montag ziehe ich dann aus! Eine Wagenladung voll, mehr nehme ich nicht mit."

Eine Woche war ja lang. Am Montag wurde aussortiert und alles Brauchbare in Körbe und Kartons gepackt. Es sind ja nur zwölf Kilometer von Schnelsen nach Altona.

„Hast du ein paar alte Bestecke und Tassen und Teller und vielleicht eine Bratpfanne? Die Töpfe kriegt Ullo von seiner Mutter."

Als das Auto voll war, hörten wir auf. Der Lederhut aus Israel und die Gitarre lagen obenauf. Hannes drehte sich in der Tür noch einmal um, umarmte mich und sagte: „Vielen Dank für zwanzig Jahre Wohnen!"

In mir stiegen die Tränen auf. Ich dachte: Wohnen? War es denn nicht mehr?

Aber für Traurigkeit war jetzt keine Zeit. Ich fuhr Johannes nach Altona und sah zum ersten Mal das Haus, in dem sie ihre Wohnung – Parterre rechts – gemietet hatten: 280,– DM, ein lächerlicher Preis für Hamburg! Allerdings, wohnlich sah es nicht gerade aus: Die Tapeten hingen von den Wänden, der Fußboden war durchgerottet, eine Heizung gab es nicht. Die Fenster schlossen halbwegs. Schön war eigentlich nur ein Türschild, das eine Freundin aus Ton modelliert hatte – Hannes und Ullo auf Elefanten reitend, ihre Namen von Blumen umrankt.

„Habt ihr was zu essen?" fragte ich, wie Mütter so fragen.

„Alles klar! Heute abend kommen Friederike und Anja mit Kuchen und Kartoffelsalat. Da steigt die erste Fete!"

„Na, dann gehe ich jetzt mal. Du kannst ja anrufen, wenn du etwas brauchst."

Wir hatten gehofft, daß die Renovierungsarbeiten in vier bis sechs Wochen abgeschlossen wären. Aber immer, wenn ein Teil in Ordnung gebracht war, erwies sich der angrenzende Bereich von Mauerwerk oder Balken als morsch, feucht, verrottet oder brüchig.

Zwischen Mauerstaub und Tapetenfetzen verbrachten sie die Advents- und Weihnachtszeit. Ohne jede Spur von Frust oder Ungeduld. Ullo legte seine Lieblingsplatten auf: Beethoven, Mozart ..., während Bretter ausgemessen und Abstände markiert wurden.

Ende März mußte Hannes schon wieder ausziehen, um in Bielefeld mit dem Studium zu beginnen. Nun, auch vier Wochen in einem selbstrenovierten Zuhause wären ja schön gewesen. Aber dazu kam es nicht. Der 31. März, Ullos Geburtstag und der Tag der Einweihung, war zugleich Hannes' Auszugstag. Halb Hamburg war eingeladen. Und weil fast alle kamen, war es selbst für eine Stehparty zu eng. Man wollte offensichtlich einmal ausprobieren, wieviele Menschen hineinpaßten, aber eine exakte Zahl ließ sich nicht ermitteln, da dieser Gästestrom nur als ein kommender und gehender zu bewältigen war.

Alle bewunderten die Wohnung, jedenfalls den Ausschnitt, den sie gerade sahen, wenn der Vordermann sich zu Seite neigte. Zum Hochbett, gleich über der Zimmertür, führt eine geschwungene Holztreppe, die Ullo als angehender Zimmermann gebaut hat. Das Fachwerk in seinem Zimmer – ohne einen Nagel – ist stabiler als das ganze Haus. Es gab zwar noch keinen Tisch und keinen Stuhl, dafür aber in der Küche ein Ecksofa von Tante Anna und einen Herd, der funktionierte. Beim Essen konnten sie gemütlich sitzen. – Was wollte man mehr?

Und abends nach einem langen Arbeitstag war dann einer da zum Reden und Zuhören. Viel Mühe und alles umsonst? Ach nein! Viel Mühe und die Erfahrung, daß man es zu zweit schafft, aus einer heruntergekommenen Wohnung ein gemütliches Zuhause zu machen und damit fast fertig zu sein am Tag des Auszugs.

Grüne Haare – na und?

s war kurz vor Mitternacht. Ich kam von einer Reise aus Süddeutschland zurück. Mein Mann und Susanne holten mich ab.

Im Halbdunkel der Altonaer Bahnhofslampen sah ich ihr Haar. „Susi!" sagte ich noch vor der Begrüßung, „wie siehst du denn aus? Was hast du gemacht?"

„Die Haare gefärbt!"

„Grün?"

„Mammie, da kann man wieder sehen, wie du übertreibst. Sie sind nicht grün, sie sind blau. Warte doch erstmal, bis wir auf der Straße sind."

„Ja, sie sind eher blau. Das paßt ja gut zu den Jeans, nicht?"

„Ja, mal was anderes."

„Wie findest du es denn?" fragte ich meinen Mann – auf Unterstützung hoffend.

„Ganz witzig", sagte er. „Ist ja nicht für immer. Wächst ja raus. Also, wie war deine Reise?"

„Gut! – Susi", fragte ich, „ist es permanent?"

„Ach was! Ein paarmal Duschen, und es ist raus ... Nun reg dich doch nicht auf! Wir fahren jetzt erstmal nach Hause."

Als wir am nächsten Morgen zusammen frühstückten – ein guter Schlaf wirkt Wunder –, konnte ich dem Blau schon einen gewissen Charme abgewinnen. Aber schlimm wurde es am nächsten Tag. Nach dem Duschen waren die Haare weder grün noch blau, sondern grau.

„Du siehst aus wie eine Fünfzigjährige", dachte ich und – sagte es leider auch. Ohne Zweifel etwas lieblos. Susanne tat, als hätte sie nichts gehört und ging zu Wichtigerem über: „Ich komme dann heute nach der Schule nicht nach Hause. Ich gehe zu Ulrike."

„Susanne ... ausgerechnet zu Ulrike! Du, das ist uns gar nicht recht, das weißt du auch. Wir haben Angst um dich!"

„Weißt du, jetzt reicht es mir: Erst sind es die Klamotten, dann die Haare und jetzt die Freunde. Ist es mein Leben oder dein's? Mecker' ich über eure Freunde? Ich will deine Kommentare nicht!"

„Aber dann könntest du ja gleich in einem Hotel wohnen, wenn wir unsere Meinung nicht mehr sagen dürfen. Dann bin ich nur noch deine Putzfrau und Köchin, dann geht es nur noch ums Geld."

„Tut es auch, was gebt ihr mir denn sonst ...?"

Der Streit dehnte sich aus, ich schrieb Susanne, die gerade siebzehn geworden war, eine Entschuldigung für die erste Stunde. Nach einer Weile wurden wir ruhiger, fühlten uns aber beide verletzt und mißverstanden.

Gegen Abend kam Susanne von ihrer Freundin zurück und ging schweigend in ihr Zimmer. Ich deckte den Tisch und hoffte, sie beim Essen zu sehen. Sie kam auch und gab mir einen Brief. Er steckte in einem der marmorierten Briefumschläge, die sie gerade von Bettina zum Geburtstag bekommen hatte.

„Hier", sagte Susanne, „ich hab dir was geschrieben. Das geht manchmal besser. Lies es nachher in Ruhe, ja?"

„Danke!"

Da stand: „Liebe Mammie, was ich heute morgen über das Geld gesagt habe (daß Ihr mir nur Geld gebt ...) stimmt nicht. Wirklich nicht. Es ist mir im Streit nur so rausgerutscht, und es tut mir jetzt leid, weil ich ja selber weiß, daß es nicht stimmt.

Ich glaube, wir müssen wieder neu anfangen. Wir *beide!* Du denkst daran, daß ich kein Kind mehr bin, und gibst nur noch Kommentare zu neuen Themen und Dingen, die ich tue, und harfst nicht immer wieder auf demselben herum: ‚Ich mag deine Haare nicht! Warum machst du dich absichtlich so häßlich ...' Und ich werde versuchen, etwas offener für Dich zu sein, damit Du besser verstehst, was ich tue. Das wird manchmal ganz schön schwer sein, weil wir so verschieden sind – eben zwei Generationen! Und weil wir ganz unterschiedliche Meinungen haben. Wir müssen in kleinen, äußeren Dingen eben großzügig sein, wie zum Beispiel bei: Schule, Zeiteinteilung, Geld, Kleidung, Freunde und Haare ... Ich werde mich bemühen. Hoffentlich wird es in Zukunft besser mit uns beiden. Aber wenn zwei sich bemühen, müßte man ja eigentlich einen Unterschied merken.

Alles Liebe, Deine Susi

P.S.: Ich hatte mir noch überlegt, ob ich Dir mein Tagebuch zeige ... Aber da steht wirklich alles über mich drin. Das kann ich jetzt doch noch nicht – da muß erst noch Zeit vergehen. Ich hoffe, Du verstehst das. Später werde ich es Dir bestimmt mal geben, aber im Moment kann ich mein Leben nicht so offen hinlegen. Verstehst Du das? Und das Wichtigste ist doch, daß wir uns gegenseitig lieben, nicht?"

Als ich am nächsten Morgen einkaufte, kam ich an einer dänischen Boutique vorbei. Da hingen im Schaufenster an einem trockenen Korkenzieher-Haselnußzweig zwei kleine Glasherzen und ein Tropfen aus durchsichtigem Glas. Ich ging hinein und kaufte die drei Teile, ohne nach dem Preis zu fragen. Dazu einen schönen Umschlag. Und ich schrieb Susanne zurück:

„Liebe Su, danke für Deinen Brief. Ich hab mich so gefreut. Wenn Du magst, hänge doch diese gläsernen Herzen in Dein Zimmer, und laß uns bei dem Tropfen, der wie eine Träne aussieht, daran denken, wie schnell wir uns gegenseitig wehtun und verletzen können. Ich habe Dich sehr lieb."

Morgen wird Susanne achtzehn. Als ich auf ihrem Bett lag und wir über Geschenke und die Fete sprachen, fiel ein wenig Sonne auf die Glasherzen, die leicht verstaubt unter ihrer Lampe hingen. „Weißt du noch?" fragte ich.

„Ja", meinte Susanne, „wir haben lange keinen Streit mehr gehabt."

Der Abschiedsbrief

n der Haustür klingelte es. Gabriele stand vor mir.

„Hast du Zeit?" fragte sie. „Es ist wichtig."

„Ja, komm rein. Du siehst so blaß aus. Was ist los? Du zitterst ja. Komm, setz dich, ich mache dir einen Tee."

„Ach du, ich kann jetzt nicht sitzen, laß mich ein bißchen herumlaufen, ja? Ich habe ihm nämlich einen Brief geschrieben."

„Wem? Carl?"

„Ja."

„Aber das ist doch nicht der erste Brief, den du ihm schreibst."

„Nein", sagte Gabriele, „aber der letzte. Ein Abschiedsbrief."

Gabriele studiert seit drei Semestern in Hamburg Theologie. Wir trafen uns ganz zufällig bei einer Ausstellung – „Dokumente der armenischen Christenheit".

Anschließend gab es Tee und armenischen Kognak. Da saßen wir am selben Tisch und unterhielten uns. Zum Schluß sagte ich: „Komm doch 'mal und besuch uns!"

Sie kam in unregelmäßigen Abständen oder rief an. Manchmal blieb sie über Nacht, lieh sich ein Nachthemd und eine Zahnbürste und ging morgens nach dem Frühstück wieder. Wenn wir Zeit hatten, saßen wir am Abend mit ihr zusammen, sonst nahm sie sich ein Buch und las oder spielte mit Isabelle „Mensch ärgere dich nicht". Sie aß, was wir aßen, wir machten kein Aufheben, und das hätte sie auch nicht gewollt. Sie wollte nur kommen und gehen dürfen, wann immer sie es brauchte. Wir mochten sie und ihre Art anspruchsloser Freundschaft.

Heute war es anders. Gabriele wollte reden.

„Warum ein Abschiedsbrief? Habt ihr euch gestritten?"

„Nein, nein ... wenn es das nur wäre! Außerdem: Wir streiten uns nicht, wir haben uns nie gestritten, wir lieben uns viel zu sehr. *Zu* sehr! Verstehst du? Es geht nicht. Schließlich ist er verheiratet und wird es auch bleiben. Ich darf es nicht, ich darf ihn nicht lieben ..."

Sie stand am Fenster und sah in den Garten. Noch immer im Mantel, ihre Hand in der Tasche.

„Aber du hast doch gewußt, daß er verheiratet ist ...?"

„Natürlich wußte ich es! Aber das war Theorie. Ich habe es einfach beiseite geschoben, wenn er kam und mich besuchte. Seine Rosen, die Kerzen, die Briefe, seine Liebe – das war *alles* für mich, von diesen Stunden und Tagen habe ich gelebt. Und dann diese furchtbaren drei Wochen! Diese Ungewißheit, ob ich ein Kind von ihm erwartete ... Mir schwindelte vor Angst, und zugleich hab ich mir nichts *mehr* gewünscht. Dazwischen hab ich immer gesagt: ‚Lieber Gott! Erbarme dich und vergib mir! Ein Kind würde alles zerstören: Seine Ehe und mein Studium ... erbarme dich doch. Ich verspreche dir: Ich werde ihn nie wiedersehen.'

Nachdem ich wußte, daß ich nicht schwanger war, war es eine Riesenerleichterung und Enttäuschung zugleich. Verstehst du? Aber ich wußte von dem Tag an, daß ich mich von ihm trennen mußte – von ihm oder von meinem Studium. Man kann nicht ehebrechen und zugleich Theologie studieren; daran wäre ich zerbrochen. Also habe ich ihm geschrieben – in Gedanken zuerst. Viele Briefe. Nachts, wenn ich wachlag, war alles ganz klar. Aber wenn ich mich dann morgens an den Schreibtisch setzte, das weiße Papier vor mir, dann wußte ich: Mit diesem Brief schneide ich mir das Leben ab, das ich so liebe. Ich säge mir den Ast ab, auf dem ich sitze. Er, Carl, ist mein Leben.

Ohne ihn ist alles grau und leer. Tagelang hab ich mich gequält, und dann habe ich den Brief geschrieben."

Gabriele zog einen grauen Umschlag aus der Tasche, ein wenig verknittert, mit Anschrift, frankiert.

„Und du willst ihn abschicken?"

„Ich will nicht. Ich muß. Es war doch ein Versprechen. Wenn ich das nicht halte, kann ich selbst nicht weiterleben. Ich möchte, daß du ihn liest."

„Willst du das wirklich?"

„Es würde mir helfen. Ich brauche so etwas wie einen Zeugen."

Sie faltete ihn auseinander. Es waren zwei lange Seiten – Schreibmaschine – und dann nur ihre Unterschrift: Gabriele.

„Lieber Carl, lies diesen Brief bitte erst, wenn Du Ruhe hast. Es ist der letzte, den ich Dir schreibe. Erschrick nicht, ich bin nicht krank ... aber ich muß das Versprechen halten, das ich Gott gegeben habe ..."

Zum Schluß stand da: „Antworte mir bitte noch ein letztes Mal. Sag mir nur, ob Du mich verstehst, das würde mir helfen. Die Welt war noch nie so leer und grau. ‚Ich habe nichts, das mich freut.' Gabriele."

Ich umarmte sie, wir weinten beide. Ich gab ihr den Becher mit dem warmen Tee. Sie trank ihn in kleinen Schlucken ganz leer.

„Danke", sagte sie, „kommst du mit zum Briefkasten?"

„Ja."

Ich finde keinen Anfang

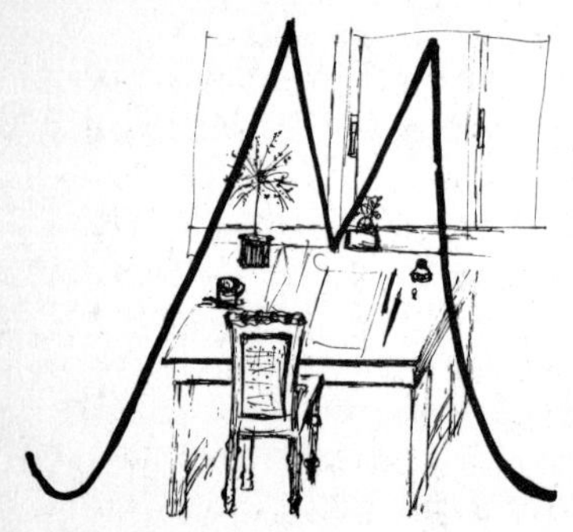

Mein Schreibtisch – mehrere Monate lang Abstellplatz für Werkzeug, Baupläne und halbleere Kaffeebecher – steht nun wieder an seiner alten Stelle. Plastikplanen und Farbreste sind entfernt, die angebaute Veranda ist fertig! (Bis auf die Kleinigkeiten, die man immer noch machen kann und darum nie tut.) Auch unsere Arbeiten, die wir übernommen haben, das Tapezieren, Streichen, Fliesenlegen und vor allem das tägliche Fegen und Wischen, sind beendet. Gestern habe ich zum ersten Mal in meinem neuen Liegestuhl, Marke: „Relax", auf der von Micha mit Schimpfen und Geschick hergestellten Terrasse gelegen und fast nichts getan – schließlich ist es Sommer, und in Hamburg sind Ferien.

Aber nun – wieder am Schreibtisch – bin ich ganz ratlos. Ich finde keinen Anfang. Was soll ich lesen oder schreiben? Meine Bücher sehen mich so fremd an. Wie sehr habe ich diesen Tag herbeigesehnt! Doch nun fühle ich mich müde und erschöpft. In den letzten Monaten hatte ich vor lauter Arbeit kaum Zeit für mich selbst, keine Kraft zum Beten oder Lesen. Ich habe immer nur getan, was vor der Hand lag, und anscheinend gar nichts vermißt.

Was mir gefehlt hat, merke ich erst jetzt und erschrecke: Wie ist es möglich, so in Arbeit aufzugehen und Gott darüber fast zu vergessen? Ohne das Hören und Danken und Bitten zu leben – ist das nicht verlorene Zeit?

Mitten in diese Gedanken hinein klingelt das Telefon. Christine ruft an: „Wie geht es dir? Seid ihr mit dem Anbau fertig?"

„Ja, wir sind fertig, sozusagen fix und fertig. Es ist schön geworden, du mußt es dir mal ansehen. Aber wir merken auch, was wir getan haben ... Man ist innerlich ganz leer, weißt du? Gott ist so weit weg. Ich bin ganz aus der Übung gekommen, auf ihn zu hören und mit ihm zu reden. Und jetzt denke ich: War es das wert? All die Zeit, die nicht wiederkommt!"

„Du", sagt Christine, „so kenne ich dich gar nicht. Aber ich kann mir vorstellen, daß du dich sehr leer fühlst nach solcher Zeit. Wie gut, daß Gott auch leere Brunnen füllen kann – vielleicht nur leere. Gestern las ich das Wort aus 2. Korinther 9: Gott kann auf euch überströmen lassen jede Gnade."

„Ja, ... aber wie kann es sein, daß mir anscheinend nichts gefehlt hat, daß Gott mir nicht gefehlt hat?"

„Gott ist ja nicht dazu da, daß wir zurechtkommen und glücklich sind. Er hat dir vielleicht wirklich nicht gefehlt. Aber du hast ihm gefehlt. Dein Lob hat ihm gefehlt. Er hat es vermißt, daß du nicht mit ihm geredet hast. Es war wie eine Lücke für ihn, so sehr sehnt er sich nach deiner Liebe ... Aber auch in solchen extremen Situationen bricht ja das Eis nicht gleich unter dir ein. Wie oft bin ich selbst durch solche Dürre gegangen – oder eher getragen worden. Gott kann dir einen neuen Anfang schenken, neue Erfahrungen und neuen Segen."

Ich bin ganz betroffen und zugleich sehr glücklich. Gott sehnt sich nach meiner Liebe ... Mein Lob hat ihm gefehlt. Ich kann es kaum fassen.

Ein paar Tage später kommt ein Brief von Christine. Sie ist inzwischen auf Reisen und schreibt mir aus Speyer. Von ihren Ferienplänen berichtet sie, und am Schluß heißt es:

„Fang doch wieder ganz unten an. Nimm deine Bibel und lies den 62. Psalm und lebe eine Zeitlang damit:

‚Meine Seele ist stille zu Gott, der mir hilft. Denn er ist mein

Fels, meine Hilfe, mein Schutz, daß ich gewiß nicht fallen werde.'"

In der Bibel stehen die Wolken immer mit Gott in Zusammenhang. Wolken sind jener Kummer und jenes Leid und jene Fügung innerhalb oder außerhalb unseres persönlichen Lebens, die die Herrschaft Gottes in Frage zu stellen scheinen. Und gerade durch diese Wolken hilft uns der Heilige Geist, im Glauben zu leben. Die Wolken sind nur der Staub unter Gottes Füßen. Sie sind ein Zeichen dafür, daß er da ist. Wie wunderbar zu wissen, daß Leid und Kummer und schmerzliche Verluste die Wolken sind, die mit Gott heranziehen. Gott kann sich uns nicht ohne Wolken nähern. Er kommt nicht in hellem Schein.

Oswald Chambers

Ein Abschied wie immer

enate, ihre Tochter, war bei ihr, als wir sie am Sonntagnachmittag im Krankenhaus besuchten.

Seit Katharina Berger wußte, daß sie Krebs hatte – und das war nun seit acht Monaten –, gab es gute und qualvolle Tage. Aber Anfang der Woche waren die Schmerzen so stark geworden, daß sie nicht mehr zu Hause bleiben konnte. Ich erinnere mich noch an ihre Worte, als damals bei einer kleineren Operation ihre Krankheit entdeckt worden war. Von ihrem Zimmer aus hatte sie einen weiten Blick über die Felder, die Sonne war gerade untergegangen. Sie nahm eine schon geöffnete Flasche Wein von ihrem Nachttisch, schenkte uns ein wenig ein und sagte: „Es ist ein so schöner Abend. Laßt uns ein bißchen feiern!"

Als wir auf „Gute Besserung!" anstießen, zitierte sie aus dem alten Lied „In allen meinen Taten ...": „Ich nehm es wie er's gibet, was ihm von mir beliebet, dasselbe hab auch ich erkiest."

Später dann kamen Zeiten, wo sie ganz erschöpft war vom Kampf gegen die Krankheit.

„Warum, Herr? Laß mich doch sterben. Ich kann nicht mehr."

Aber nach einer guten Nacht gab es auch Tage, die sie ganz „normal" verlebte, so wie jeder andere. Sie plante, ein neues Rosenbeet anzulegen, und ließ sich dafür Kataloge aus Pinneberg kommen.

Es wurde ausgewählt, telefoniert, beraten, bestellt. Oft habe ich die neuen Züchtungen mit ihr angesehen, die sie faszinierten. Sie sorgte dafür, daß die ausgegrabenen Maiglöckchen im Schatten gelagert wurden, damit ich sie später unter meine Büsche pflanzen konnte.

Sie ließ sich zehn Kilo Gelierzucker bringen, um im Herbst ihre Brombeeren einzukochen. Es könnte ja sein, daß es dann, wenn man diesen Zucker brauchte, gerade keinen gäbe!

Die Schlösser an ihrem Schrank mußten repariert werden. Sie haßte es, wenn etwas nicht funktionierte. Im übrigen gab sie den zwei persischen Studenten Deutschunterricht, wie immer. Unterrichten war ihr Leben, und daran hatte sie als ehemalige Schulleiterin eines Hamburger Gymnasiums immer noch Spaß, auch jetzt noch mit fast achtzig Jahren.

„Eigentlich", sagte sie, „ist es mit mir gar nicht viel anders als mit euch. Ich weiß, daß ich sterbe. Aber das wißt ihr doch auch! Und wann es sein wird, weiß keiner von uns. Es könnte sogar sein, daß ich länger lebe als manche meiner Besucher. Ich lebe also ganz normal, von Tag zu Tag. Anders geht es nicht. Ach, weißt du, ich lebe so gern. Es gibt so viel, was ich tun möchte. Aber ich habe keine Kraft mehr – das quält mich! Tausend Ideen! Aber meine Arme und Beine wollen nicht mehr ... So, genug, laß uns von etwas anderem reden. Wie geht es Susanne in der Schule? Was macht die Mathematik? Und dein Mann? Arbeitet er immer noch so viel?"

Frau Berger war jetzt ganz auf ihr Gegenüber konzentriert, ganz zugewandt. Nicht aus Neugier, sondern um mitzudenken, mitzubeten, um zu helfen, wenn möglich.

Und an diesem Sonntagnachmittag war es nicht anders. Sie lag da mit geschlossenen Augen. Renate beugte sich über sie und flüsterte: „Mutter, du kriegst Besuch! Guck mal, wer gekommen ist!"

Sie drehte sich von der Seite auf den Rücken. Ihr rechtes Auge blieb geschlossen, dann fiel sie in die Seitenlage zurück. Sie blinzelte, streckte uns ihre Hand entgegen. Wir hielten sie vorsichtig und fragten: „Wie geht es dir? Hast du Schmerzen?"

„Es geht."

Sie wachte ein wenig mehr auf, lächelte, begann zu sprechen;

langsam und mühsam, aber ganz klar. Renate wollte uns eine Weile mit ihr allein lassen, aber sie sagte: „Bleib hier! Geh nicht weg! Bleibt alle hier." Und nach einer Pause: „Was macht ihr denn so? Wie weit ist der Anbau? Sind die Fenster schon drin? Hast du Fotos mitgebracht?"

„Ich habe sie vergessen."

„Hm, schade."

„Zeigt mal eure Hände! Ist das Farbe? Ölfarbe?"

„Ja, wir haben gerade den Windfang gestrichen."

„Dann seid ihr ja bald fertig. Ich möchte es so gern sehen. Wenn es mir besser geht, komme ich. Wißt ihr, was der Arzt mir gestern gesagt hat? Weil ich von meinem Garten erzählt habe, hat er gesagt: ‚An Ihrem Garten werden Sie noch viele Jahre Freude haben!' Ist das nicht nett?"

Als wir auf die bevorstehende Operation zu sprechen kamen, meinte sie: „Das wird heute abend oder morgen früh entschieden ... Wer weiß, wie es weitergeht. Die Wand zwischen Leben und Tod ist so dünn."

Ihr mühsames Lächeln, als wir gingen, wie sie den Kopf zur Tür drehte, den einen Arm mit dem anderen abstützte, um zu winken – werde ich nicht vergessen! Das Lächeln und die Zuwendung waren das letzte.

Sie hat an diesem Abend noch drei ihrer Freunde gesehen: ihre Nachbarin, ihren Pastor und ihre Ärztin. Von allen hat sie sich verabschiedet, wie immer.

Am nächsten Morgen – die Schwestern waren kurz aus dem Zimmer gegangen – ist sie ganz leise, fast unbemerkt eingeschlafen. So wie einer eine Tür leise zumacht, wenn er aus dem Haus geht. Sie wollte kein Aufheben um ihre Person, auch jetzt nicht.

Feindschaft und kein Ende?

ach der Abendveranstaltung wartete Birgitta auf dem Platz vor der Kirche. Ihr Mann, der sie abholen wollte, hatte sich etwas verspätet.

„Komm, setzen wir uns solange in mein Auto“, sagte ich. „Wie geht's? Viel Arbeit?“

„Ach“, sagte sie, „es ist nicht die Arbeit ... Was mich kaputtmacht, ist das Arbeitsklima auf der Station, oder genaugenommen Schwester Edith.“

„Ein Drachen?“

„Schlimmer! Eine Eiseskälte geht von ihr aus, jeder flieht vor ihr. Sie ist so gehässig und erniedrigt uns, wo sie nur kann. Dabei war alles gut zwischen uns, es war ‚wunderbar‘. Ich muß dir davon erzählen! Also, uns allen war klar: Menschen über fünfzig kann man nicht mehr ändern. Man erduldet sie, leidet, zieht sich zurück. Aber der Haß wächst. Ich merkte: Haß frißt auch mich selbst auf. Das wollte ich nicht, ich wollte leben und mich freuen. Du weißt, ich liebe meine Arbeit. Eines Tages las ich das Wort Jesu: ‚Tut wohl denen, die euch beleidigen. Segnet, die euch fluchen.‘ Und dann habe ich angefangen, sie im Gebet zu segnen und Gott zu bitten: ‚Schenke ihr soviel Gutes, soviel Glück und Freude, daß sich ihr Herz erwärmt.‘ Seitdem hatte ich keine Angst mehr vor ihr. Ich konnte ihr ganz offen begegnen.

Ich weiß nicht, wielange ich so gebetet habe, aber eines Tages kam sie zu mir und sagte: ‚Ich würde gern mal mit Ihnen sprechen. Haben Sie in den nächsten Tagen einmal Zeit?‘

Sie kam und sagte mir Dinge, von denen sonst keiner etwas wußte. Es war wie ein Wunder. Hatte Gott mein Herz verwandelt oder ihr Herz? Wir konnten beide aufatmen.

Aber dann, als ich vor ein paar Tagen morgens auf die Station kam, war wieder diese abweisende Kälte da.

„Edith, was ist los?" fragte ich sie.

„Nichts!"

Ich konnte es nicht fassen. „Bist du mir böse?"

„Laß mich in Ruhe!"

Sie wollte nicht sprechen. Ich ging an meine Arbeit, ganz mechanisch tat ich die ersten Handgriffe. Hatte ich mich getäuscht? War ihre Offenheit nur ein schwacher Moment gewesen, den sie jetzt bereute? Gab es kein Wunder, keine Wandlung ohne Rückfälle? Hatte ich die Erde mit dem Himmel verwechselt? ‚Herr, warum ist sie wieder so abweisend', fragte ich, ‚gibt es denn kein Ende von Feindschaft und Haß? Und warum soll ich immer wieder anfangen, freundlich zu sein, zu verzeihen, zu lieben ... Das ist so schwer.' Und da war mir, als ob Jesus sagte: ‚Ja, das ist sehr schwer. Dein Stolz verbietet es dir. Gib mir deinen Stolz, er ist nicht wichtig.'

‚Und was habe ich dann noch?'

‚Mich! Ist das nicht genug?'"

Amting

K urz nach Weihnachten kam ein Brief aus Papua Neuguinea. Gutoru, die sieben Jahre unsere Haustochter war, schrieb uns:

„Von einer sehr traurigen Zeit will ich Euch erzählen. Mein Herz ist schwer und voller Kummer: Ihr wißt vielleicht, daß die Tochter meines Onkels Iragu eines Tages ein Kind bekam, aber der Vater des Kindes wollte sie nicht heiraten. Meinen Eltern tat es leid, daß der kleine Junge ohne Vater aufwachsen sollte. So haben sie ihn in die Familie aufgenommen. Unser kleiner Bruder wuchs heran und lebte mit uns Tag für Tag. Als meine Mutter starb, kümmerte sich mein Vater um ihn. Ich war damals ja schon im Hochland, bei Euch in Goroka.

Aber vor fünf Jahren ist auch mein Vater gestorben. Ich flog an die Küste nach Bongu, und wir begruben meinen Vater.

Als ich ein Jahr später wieder ins Dorf kam, merkte ich, daß Amting, mein kleiner Bruder, seine Fröhlichkeit verloren hatte. So nahm ich ihn mit zu uns nach Goroka in meine Familie. Er war damals zehn Jahre alt. Soviel er konnte, half er mir im Haus und im Süßkartoffelgarten. Er spielte mit unseren Kindern und paßte auf sie auf, wenn ich zur Arbeit ging. Später ließen wir ihn eine Schule besuchen und bezahlten das Schulgeld. Im letzten Jahr kam er in die fünfte Klasse, er war inzwischen sechzehn.

Anfang August wurde er plötzlich krank. Einen ganzen Monat lag er im Krankenhaus, ohne daß die Ärzte etwas finden konnten. Sie machten Blutproben und Röntgenaufnahmen, suchten und überlegten, dachten wohl auch an Tuberkulose. Schließlich sagten sie: Es sind die Nieren!

Aber nun war schon soviel Zeit vergangen. Sie schickten Gewebeproben nach Australien. Amting war jetzt sehr schwer krank und hatte große Schmerzen. Das war in der dritten Septemberwoche. Ich ging nicht mehr zur Arbeit, sondern blieb bei ihm im Krankenhaus. Jeden Tag war ich bei ihm.

So ging der September zu Ende. Der Oktober kam. Ich saß an seinem Bett. Am 4. Oktober sagte der Arzt: ‚Der Befund ist da. Die Krankheit ist zu schwer, wir können nicht mehr helfen. Dein Bruder wird sterben.‘

Viele Gedanken plagten mich, mein Herz war schwer. Ich konnte immer nur weinen. Wir versuchten noch, ein Flugzeug zu chartern und Amting nach Bongu zu bringen, damit er dort sterben könnte. Aber er starb schon am nächsten Tag.

Das beschwert uns sehr. Wir haben ihn dann ein paar Tage später nach Madang gebracht. Dort wartete schon ein Verwandter, der uns nach Bongu fuhr. Man hatte von seinem Tod gehört und wußte, daß wir kommen würden. Die Leute im Dorf trauerten, aber sie sagten: ‚Kleiner Amting, er war krank, und keiner konnte ihm helfen. Die Krankheit war stärker als die Medizin. Nun ist er bei Gott, und seine Schmerzen haben ein Ende.‘

Am selben Tag noch begruben wir ihn, und drei Tage später flogen wir nach Goroka zurück. Hier sind wir nun, und unser Herz ist schwer. Möge Gott mit uns und mit Euch sein.

Gutoru.“

Sein Abschiedsgeschenk

Ich weiß, Sie denken anders über Heilige als ich. Aber ich möchte Ihnen etwas erzählen."

Justus Willemsen lag da in seinem Krankenhausbett, blaß, aber ganz entspannt, fast heiter. Seit neunundvierzig Jahren war er Priester. Wieviele Theologen hatte er in seinem Leben ausgebildet!

„Also", sagte er, „das war schon eigenartig ...! Vor einiger Zeit schenkte mir ein Freund seine Arbeit über Nikolaus von der Flüe. Ich las den Text und freute mich daran. Dann gab es kurz darauf von ganz verschiedenen Menschen vier oder fünf Hinweise auf Nikolaus von der Flüe: Zitate, Erzählungen ... und schließlich ein Gedenkbild mit seinem wichtigsten Gebet. Sein Gedenktag ist der 25. September. Das war der Tag, an dem ich operiert werden sollte. Ich fing also an, sein Gebet zu beten:

‚O Herr, mein Gott,
nimm mir alles, was mich hindert zu dir.
Gib mir, was mich bringt zu dir.
Nimm mich mir, und gib mich dir ganz zu eigen.'

Es ist schwer, dieses Gebet wirklich durchzuhalten, es mit ganzem Ernst zu sprechen. Aber ich betete es so vor meiner Operation. Und ich war ganz überrascht – fast ein wenig enttäuscht –, daß ich wieder aufwachte zum Leben."

Etwa ein Jahr später mußte Willemsen wieder ins Krankenhaus. Seine Krankheit war nun so weit fortgeschritten, daß eine weitere Operation nicht mehr helfen konnte.

Mein Mann und ich besuchten ihn.

Er freute sich. Wir redeten miteinander. Zwischendurch kam eine Schwester, um den Blutdruck zu messen. Sie sagte besorgt-vorwurfsvoll: „Der ist aber zu hoch!"

Er winkte mit der Hand ab und lächelte: „Ist doch nicht mehr wichtig."

Als die Schwester gegangen war, meinte er: „Seit ich weiß, wie es um mich steht, fühle ich mich ganz befreit. Ich muß jetzt nur noch hierbleiben, bis die Schmerzmittel richtig dosiert sind, damit die Schmerzen erträglich bleiben. Daß ich vielleicht am Morgen noch ein wenig arbeiten kann, das hoffe ich. Sie wissen ja, ich arbeite an einem Manuskript: ‚Die Worte des Erhöhten' (aus der Offenbarung). Vielleicht kann ich es ja noch fertigmachen."

Damit beendete er das Gespräch um seine Person. Er fragte nach unserer Arbeit in Hamburg, nach den Kindern, war aufgeschlossen und heiter. Wir lachten oft.

Als wir spürten, daß er müde wurde, verabschiedeten wir uns.

„Auf Wiedersehen!"

Aber wir wußten beide, daß wir uns nicht wiedersehen würden, nicht auf dieser Erde. Erst draußen kamen mir die Tränen.

Wir fuhren viele Kilometer ohne zu reden.

Weil es Herbst war, schickte ich ihm ein kleines Päckchen mit frischen braunen Kastanien, die sich so gut anfühlen und ihm den Geruch von Erde und Herbst ins Krankenzimmer bringen sollten.

Ich machte ihm einen Kalender – mit vielen kleinen Türen zum Aufmachen. Hinter jeder Tür ein Wort für den neuen Tag. Ein Wort, von dem ich hoffte, daß es ihn hält und tröstet, wenn Wolken und Dunkelheit kommen.

Er bedankte sich und schickte eine Rembrandt-Kunstkarte: „Jakob segnet seine Enkel". Ich stellte das Bild auf meinen Schreibtisch.

Später kam eine andere Karte, eine Christusabbildung aus dem 9. Jahrhundert. Willemsen schrieb nur kurz über seine Krankheit und schloß mit den Worten: „So geht's von einem Tag zum andern weiter. Ich hoffe, daß am Ende des Weges Er steht, den dieses Bild zeigt."

An einen Freund schrieb er: „Ich bin dankbar, daß mir im Innersten eine bisher nicht gekannte Art von Frieden geschenkt ist."

Heute, am 2. Februar, kommt ein schwarzumrandeter Brief. Ich weiß, noch ehe ich ihn öffne, daß es die Nachricht von seinem Tod ist. Das Wort aus Psalm 31 hat er sicherlich selbst ausgesucht. Es paßt zu ihm: „Du hast meinen Fuß auf weiten Raum gestellt."

Befreit aus der Enge der Angst und Schmerzen ist er nun dort, wohin er sich so sehr gesehnt hat. Doch jetzt ist es keine Sehnsucht mehr, sondern Erfüllung und Vollendung.

„Herr, hab Dank, daß du ihn erlöst hast!"

Aber als ich dann ein wenig später im Auto sitze, kommen mir doch die Tränen. Plötzlich fühle ich mich sehr allein. Ich sage: „Herr, du siehst mich. Du weißt von mir. Ich danke dir." Und in dem Moment wird mir klar, daß dies ein Gebet von Willemsen ist, das er mir vor einigen Jahren einmal sagte.

Welch ein Abschiedsgeschenk!

Wenn große Menschen gehen, sind wir traurig,
bis wir einsehen, daß sie dazu bestimmt sind zu gehen.
Das einzige, was uns bleibt, ist,
selbst in das Angesicht Gottes zu blicken.
Oswald Chambers

Ein klein wenig Kresse

etzt – nach drei Monaten – habe ich etwas Abstand zu dem ganzen Geschehen. Aber in meinen Augen ist und bleibt es Unrecht, was mir da zugefügt wurde. Ein Teil meiner Vortragsarbeit, der mir sehr lieb war, ist damit kaputtgemacht worden. Ich litt unter diesem Verlust – obwohl es genug andere Arbeit gab – und schwankte zwischen Wut und Traurigkeit.

Was da an Mißverstehen und übler Nachrede geschehen war, lähmte mich. Der Groll wuchs und nahm mir alle Kraft. Ich zog mich wie ein verletztes Tier zurück und hoffte, daß niemand etwas von mir wollte. Trauer braucht Zeit, ungestörte Zeit.

Aber dann klingelte das Telefon. Ob ich nicht für eine erkrankte Referentin einspringen könnte – nächsten Samstag ... es sei ja nicht weit von Hamburg.

Das Thema: „Probleme mit der Kommunikation. Was macht Verständigung so schwierig?"

Ich dachte: „Ja, das wüßte ich auch gern!" und sagte zu.

Als ich eine Woche später zu diesem Frühstückstreffen kam – etwa hundertfünfzig Frauen hatten sich eingefunden – und in die erwartungsvollen Gesichter sah, da begann ein erster Lebensfunke in mir zu erwachen.

Auf dem liebevoll gedeckten Tisch vor mir stand in einer halben Eierschale frisch gezogene Kresse, daneben eine kleine Karte mit dem Wort aus Jesaja 61,11: „Denn gleichwie Gewächs aus der Erde wächst und Same im Garten aufgeht, so läßt Gott der Herr Gerechtigkeit aufgehen ..."

Ich – innerlich so verletzt durch die erfahrene Ungerechtigkeit – konnte meine Tränen kaum zurückhalten. Wie wunderbar: Gott selbst würde für Gerechtigkeit sorgen, so gewiß wie diese Kresse hier vor meinen Augen wuchs. Ich konnte es ihm überlassen, er würde mir Recht schaffen. Wenn ich selbst dafür kämpfte, würde ich mich nur aufreiben und doch nichts erreichen. Es würde Gerechtigkeit geben – wann und wie auch immer.

Ich konnte aufatmen. Ein tiefes Glücksgefühl durchströmte mich. In großer Freiheit und Dankbarkeit konnte ich mein Referat halten. Es wurde ein schöner Vormittag.

Wäre diese Unterbrechung nicht gewesen, ich hätte weiterhin bitter und gelähmt in meinem Loch gesessen. Aber so war es, als hätte Gott mir mit diesem Wort ein Seil zugeworfen, das ich ergreifen konnte, um aus dem Loch herauszukommen. Er zeigte mir, woher ich Hilfe erwarten sollte, nämlich von ihm.

Ich las in diesen Tagen mehr als sonst in der Bibel. Wer bedürftig ist, streckt sich stärker nach Gott hin aus als glückliche Menschen. Und doch stiegen immer wieder neu Wut und Traurigkeit in mir auf – trotz Gottes Versprechen. Mir wurde schmerzlich bewußt, was zu Ende gegangen war, aber ich sah nicht, wie meine Arbeit weitergehen konnte. Es war nur ein kleiner Bereich, sicher, aber ich war dadurch blockiert für alle übrige Arbeit. Wie konnten Menschen mir das antun? Ich sah keinen Weg, nur Zerstörung und Wüste.

Aber wenn die Seele so wund und verletzt ist, gibt es Erfahrungen, die wohl nur in der Tiefe gemacht werden. Dann lese ich ein altes Wort, und es ist, als ob Gott es mir heute sagt. So las ich – wiederum beim Propheten Jesaja:

„Gedenket nicht an das Frühere
und achtet nicht auf das Vorige!
Denn siehe, ich will ein Neues schaffen.
Jetzt wächst es auf! Erkennt ihr's denn nicht?
Ich mache einen Weg in der Wüste
und Wasserströme in der Einöde.“ (Jesaja 43,18–19)

„Siehe, ich will ein Neues schaffen!" Wie wunderbar. Gott lenkte meinen Blick erneut auf sich. Er würde mir einen neuen Weg bahnen. Ich sah zwar noch nichts davon, aber glauben heißt ja auch: auf etwas hoffen, das man nicht sieht.

Ich war gespannt, was geschehen würde ... viel sensibler und wacher als sonst, so wie ein Mensch im Dunkeln auch kleinste Geräusche wahrnimmt. Ich wartete auf Gottes Hilfe.

Und so gab es in dieser Zeit immer wieder Worte, die mich ein Stück weiterbrachten. Sie fielen in mich hinein, ich konnte mich gar nicht dagegen wehren. Als ich einmal in einem Buch von Oswald Chambers blätterte, blieb ich an dem Satz hängen: „Es spielt keine Rolle, welches Unglück oder welches Unrecht an deinem Weg stehen mag, denn Gott hat gesagt: Ich will dich nicht verlassen noch vergessen (Hebräer 13,5)."

Aber es ging ja gar nicht nur um mich. Was war mit den Menschen, die meine Lebensfreude so zerstört und mein Leben so geschmälert hatten? Ich habe ihnen natürlich geschrieben, was sie mir angetan hatten. Aber ich wußte: Wenn ich an diesem Zorn festhalte, bringt er mich um und schadet den andern. Das einzig richtige wäre, ihnen zu verzeihen. Nur – das konnte ich nicht und wollte es auch nicht. Man mußte schließlich Unrecht beim Namen nennen und öffentlich machen. Genau das tat ich, aber es brachte nichts.

Eine ältere Freundin rief mich an – sie wußte von der ganzen Misere – und meinte: „Du mußt sagen: ‚Vater, vergib ihnen, denn sie wissen nicht, was sie tun! Sonst findest du keinen Frieden."

Aber – so wurde mir bewußt – wenn *Gott* ihnen vergab: Mußte *ich* es dann nicht auch tun?

Ich schob es auf. So lange, bis mir ein anderes Wort vor Augen gestellt wurde, dem ich nicht ausweichen konnte. Jesus sagt: „Tut denen wohl, die euch hassen. Bittet für die, die auch beleidigen und verfolgen" (Matthäus 5,44).

Gott selbst öffnete mein hartgewordenes Herz und ließ mich sagen: „Ich will ihnen vergeben, hilf mir!" Als ich dann aufstand, fiel alles Schwere von mir ab.

„Vergebt, so wird euch vergeben. Gebt, so wird euch gegeben, ein volles, gedrücktes, gerütteltes und überfließendes Maß wird man in euren Schoß geben“ (Lukas 6,37–38).

Und genau das geschah: Plötzlich kamen mir für die Gottesdienste und Andachten, die ich auf der nächsten Kreuzfahrt halten sollte, ganz neue Ideen. Gute Einfälle. Und woher sollte mir so etwas „einfallen“, wenn nicht vom Himmel her?

Vorher hatte ich überhaupt keine Lust zu dieser Reise gehabt – was bisher noch nie so war –, nun aber saß ich mit Feuereifer am Schreibtisch und schrieb und schrieb ... Neue Freude keimte in mir auf, sie wuchs viel üppiger als die Kresse in den Eierschalen. Ich hatte auch eine Idee für ein neues Buch; das Leben war nicht mehr aufzuhalten.

Es wurde eine besonders schöne Reise. Wege in der Wüste. Wege durchs Wasser. Gottes neue Wege. Und zu diesen Wegen gehörte auch, daß die Menschen, die mein Leben so beeinträchtigt hatten, nun schrieben, sie würden mich gern zu einem Gespräch einladen. Natürlich werde ich gehen.

Gott kann Versöhnung schenken, mit der wir uns so schwer tun. Der Abschied von dieser Arbeit tut weh – immer noch –, aber die Wunde heilt. Und eigentlich hat Gott mir viel mehr geschenkt, als Menschen mir nehmen konnten.

Es hat alles sein Gutes – selbst Abschiede

igentlich graut mir vor Abschieden. Ich denke jedesmal: Vielleicht sehen wir uns ja nie wieder, und was dann? Darum werden die Abende vorher immer sehr festlich gestaltet – mit gutem Essen, Musik, Erzählen ...

Am nächsten Morgen dann ein schneller Abschied, damit es nicht so weh tut. Wenn ich dann allein bin, kommen traurige Gedanken, stille Tage.

Diesmal war es ganz anders. Vielleicht lag es daran, daß gleich vier Mitglieder unserer Familie innerhalb weniger Stunden abreisten und ich vor lauter Transportdiensten gar nicht recht zur Trauer kam.

Nun sind sie in alle Winde verstreut: Indien, Barbados, Zypern, Tschechien. Zugegeben: einer ist nur bis an die Havel gekommen, aber dort – ohne Telefon – genauso unerreichbar. Was tue ich, wenn unsere trächtige Hündin Lucie Depressionen kriegt, weil sie lieber im großen Rudel lebt als mit mir allein?

Ob ich mich einsam fühle? Noch nicht! Statt dessen durchströmt mich – ich muß es gestehen – ein tiefes Glück und das Gefühl unbändiger Freiheit. Endlich kann ich das alte Bettgestell zersägen. Niemand widerspricht, und keinen stört es. Das neue Bett steht seit Monaten im Keller, und dieser alte Futon war den meisten Gästen zu hart. Also: weg damit!

Ich habe bereits alle Blumenkästen neu bepflanzt: mit Astern, violett, rot und weiß, Sonnenhut. Aber das Beste von allem: Ich werde in der nächsten Zeit drei Tische zum Arbeiten haben –

ein Traum geht in Erfüllung! Sonst begnüge ich mich meistens mit meinem Schreibtisch in der Wohnzimmerecke. Aber jetzt wird unser Eßtisch auf der Veranda – bestehend aus zwei 90 x 90er-Tischen – ja erst einmal nicht gebraucht. Also rücke ich die Tische auseinander. Den einen, auf doppelte Länge ausgezogen, stelle ich ans Südfenster mit Blick in den Garten. Hier werde ich meine neuen Collagen entwerfen. Da ist viel Platz für Farben, Papiere, Pinsel und alles übrige.

Den anderen Tisch rücke ich an das gegenüberliegende Fenster. Ich lege meine Lieblingsdecke (Blaudruck aus Prag) darauf. Hier werde ich Kaffee trinken, Zeitung lesen, Post beantworten, Ideen notieren ... Mein Schreibtisch bleibt, wo er ist, und die Schreibmaschine natürlich auch. Alles kann Tag und Nacht stehen- und liegenbleiben. Ich werde arbeiten, bis ich vor Müdigkeit umfalle, und morgens immer neu entscheiden, an welchen Tisch ich zuerst gehe.

Die Ferienpläne der Familienmitglieder und ihre Rückkehrtermine hängen an der Pinnwand, ein Gewirr von Nadeln und Zetteln, was ich natürlich im Blick behalten muß, das ist klar. Aber für eine Zeitlang Ort und Stunde meiner Arbeit ganz nach meinen Wünschen zu gestalten – herrlich!

Natürlich muß ich jetzt auch allein den Rasen mähen, den Hund ausführen und mir abends ein Glas Wein einschenken. Vielleicht mache ich mir lieber einen Becher Kamillentee, das tue ich ja auch sonst selbst. Und wer so gesund lebt, darf natürlich eine Tafel Schokolade essen! Keine mahnenden Blicke beim zweiten Riegel. Schließlich war es ein Schnäppchen: original Schweizer Schokolade für 79 Pfennige – ein Auslaufmodell. Wer kann da schon nein sagen?

Eigentlich habe ich heute mit meinen Auf- und Umräumarbeiten, Pflanzen, Gießen und Fahren schon soviel getan, daß ich mich auch bequem vor den Fernseher setzen könnte! Warum nicht? Kraft sammeln für morgen! Was gibt's im Programm? Wunderbar, ganz passend: Wasserwege – vom Land der Garonne bis zum Atlantik.

Ich gehe also auch auf Reisen vom Sessel aus – ohne Jetleg und dicke Füße, Ärger mit Hotels und See-Igeln im Wasser! Außerdem – das muß aus Fairneßgründen gesagt werden – war ich ja gerade drei Wochen auf einer Kreuzfahrt bis nach Spitzbergen unterwegs, dienstlich natürlich.

Am späten Abend könnte ich dann noch einen Krimi sehen – man muß seine Einsamkeit gestalten und die Zeit, die sonst von anderen verbraucht wird, selbst ausfüllen.

Aber zuerst noch das unvermeidliche Gassi-Gehen mit Lucie, was abends sonst einer aus der Familie tut, wofür er vom Tischabdecken und Kücheaufräumen befreit ist. Aber diesmal läßt Lucie sich beim Spazierengehen soviel Zeit, daß die Garonne schon ohne mich in den Atlantik geflossen ist, schade!

Doch auf dem anderen Kanal gibt es eine „Reise nach Amerika". Richtig, warum sollte gerade ich mich mit innereuropäischen Reisen begnügen, wo „Last-Minute" doch fast jedem Trans-Ocean-Ferien ermöglicht! Es geht um Westernfilme, Cowboys und darum, wie dieses Leben wirklich aussieht. Weil viele Amerikaner sich wünschen, einmal im Leben Cowboy zu sein, wird dies nun als Ferienprogramm angeboten.

Für hundert Dollar am Tag (also billiger als der normale Urlaub) dürfen Rechtsanwälte, Ärzte, Lehrer und wer immer Lust hat auf einem Pferd sitzen und Cowboy spielen. Sie müssen die störrischen Rinder zusammenhalten, sie wieder aus den Gräben herausholen und mit der Peitsche knallend vorwärts treiben. Umsonst gibt es bei diesem Ferienvergnügen nasse Füße, durchweichte Kleidung, Schwielen überall, spartanische Nachtlager. Aber auch das Kochen über offenem Feuer, Lagerromantik und Cowboygedichte, vom Boß vorgetragen. Andere begeben sich in Planwagen auf die Wege der Pioniere, um deren hartes Leben am eigenen Leib zu erfahren.

Sie schaffen zehn Kilometer pro Tag, schlafen unter freiem Himmel, erleben, wie die Sonne untergeht, und haben eines gemeinsam: Sie tun, was sie schon immer tun wollten. Sie erfüllen sich einen langgehegten Wunsch – wie ich (mit meinen drei Tischen)!

Es spielt dabei keine Rolle, ob sie es bis zum Ende durchhalten. Das Faszinierende ist das Ungewöhnliche: die Reise mit unbekannten Menschen, die Gespräche, eine immer wechselnde Landschaft. Ein alter Mann, weißhaarig, sagt: „Mein Arzt hat mir von diesem Trip abgeraten. Aber wenn ich schon sterben soll, dann lieber auf dem Rücken eines Pferdes als im Schaukelstuhl!"

Ein anderer wundert sich: „Mein Pferd erschrickt plötzlich, ich verstehe nicht, warum. Es spürt eben mehr und anderes als ich. Solch eine Reise ändert dich – innen! Das ist das Wichtige. Nicht das Äußere, das du siehst."

Ganz ergriffen höre ich diesen tiefen Wahrheiten zu, als es plötzlich klingelt. Nein, nicht im Film, sondern an unserer Haustür. Frau Müller – eine Frau aus unserer Siedlung – steht da: „Entschuldigen Sie die späte Störung. Wir haben ein Problem. Auf dem Fenstersims vor unserem Schlafzimmer sitzt eine Taube, und die fliegt nicht weg, auch nicht, wenn wir die Rolläden runterlassen. Da stimmt doch was nicht. Aber wir mögen sie nicht anfassen, und Sie kennen sich doch mit Tieren aus ... Können Sie nicht mal ...?"

„Ich komme!"

Die Taube sitzt mit eingezogenem Nacken und halbgeschlossenen Augen ganz unbeweglich da. Sie sieht krank aus. Hat sie ein Bein gebrochen oder einen lahmen Flügel? Nein, die Beine sind in Ordnung. Sie ist beringt – also gehört sie jemandem. Aber wer hält hier in der Umgebung Tauben?

Während wir noch überlegen, ob Tierarzt oder Polizei der Ansprechpartner wäre, reckt sich die Taube und fliegt – kerngesund – hinüber zum Fenstersims des Nachbarhauses, wo sie sich freundlichere Aufnahme verspricht. Sie guckt in die Wohnung, pickt gegen die Scheibe, will offenbar eingelassen werden. Wahrscheinlich ist sie schlicht und einfach müde und sucht ihr Taubenhaus. Hat sie sich verirrt? Gibt es das bei Tauben?

Jedenfalls können die Müllers nun beruhigt schlafengehen, und ich auch. Aber ich schlafe unruhig – die erste Nacht allein im Haus. Bei jedem Geräusch werde ich wach und bin dann froh, als der Morgen kommt und ich aufstehen kann. Es ist halb sieben – meine Zeit. Seit zwanzig Jahren (solange wir Schulkinder hatten) sind wir mit ihnen aufgestanden, und nun kann ich nicht mehr anders. Ich liebe den frühen Morgen: eine Tasse heißen Tee, eine Mango (wegen der Schokolade gestern, spätestens jetzt erfaßt mich Reue) und dann: Auf in das Land meiner drei Tische!

Ich lese wie immer die Losungen und den Tagestext, aber heute auf deutsch, nicht den griechischen Grundtext. So schnell verfallen die Sitten, wenn man allein ist! Das Wort aus Lukas 8, ein Wort Jesu, sagt: „Fürchte dich nicht, glaube nur!"

Ein gutes Wort, wenn ich daran denke, daß meine Lieben in alle Welt verstreut sind. Hoffentlich geht es ihnen gut. Aber es wird ihnen gut gehen, denn sie ahnen ja nichts von zersägten Betten, zweckentfremdeten Tischen und verirrten Tauben. Möge Gott sie behüten!

Wir Rentner

Hamburger Innenstadt. Ich habe gerade ein weiteres Interview für mein neues Buch gemacht und laufe zur Haltestelle, um den Bus noch zu erreichen. Es ist schon eine Minute über die Abfahrtszeit hinaus.

„Wissen Sie, ob der 35er-Bus schon durch ist?“ frage ich – noch etwas außer Atem – eine alte weißhaarige Dame.

„Ja, gerade eben! Aber das macht ja nichts! Wir Rentner haben doch Zeit!“

„Also, *ich* muß meinem Sohn heute beim Umzug helfen.“

„Ist doch schön, wenn wir noch gebraucht werden!“

Mir ist ganz elend zumute. Ich laufe über die Straße zur Stadtbäckerei und hole mir erst mal einen großen Amerikaner mit viel klebrigem Zuckerguß. Ich esse ihn direkt aus der Tüte. Zucker tröstet. Dabei sehe ich mir die Schaufenster eines Kaufhauses an: Junge Bräute sind dort zu sehen, elegante Herren und der Werbeslogan: „Love is in the Air“ ... Na bitte, das klingt schon besser. Richtig wohltuend.

Der nächste Bus kommt. Da die alte Dame vorn einsteigt, setze ich mich ganz nach hinten. Soviel Abstand muß sein! Ich und Rentnerin!!! Ich werde doch erst neunundfünfzig! Manche Frauen gehen natürlich schon mit zweiundsechzig in den Ruhestand, dann hätte sie sich nur um drei Jahre verschätzt, eigentlich kein so großes Verbrechen. Ein Anflug von Sympathie und Zugehörigkeitsgefühl überkommt mich. Aber natürlich sind drei Jahre über tausend Tage – und die verschenke ich nicht! Außerdem sehe ich viel jünger aus mit meinem kurzen Haarschnitt und der frischen Gesichtsfarbe!

Zu Hause gucke ich – ganz gegen meine Gewohnheit – mal schnell in den Spiegel, nur so aus dem Augenwinkel. Das blaugraue Stirnband ist vielleicht nicht sehr attraktiv und mein Gesicht blaß und verfroren an diesem naßkalten Februartag, das Haar eher grau als braun. Na ja, man sollte eben an solchen Tagen nicht in den Spiegel sehen, wozu auch?

Ich mache mir erst mal eine Tasse Kaffee, dann greife ich zur Zeitung, überfliege die Schlagzeilen: „Zur Rentenreform – Rentendebatte“ – „Skandal im Altersheim“ – „Rentner als Bankräuber.“ Ich beginne zu ahnen, was Verfolgungswahn sein könnte.

Was immer hilft: Man muß über das sprechen, was einen bedrückt. So erzähle ich Micha (23) und Isabel (21), was passiert ist. Sie lachen und finden es witzig, am witzigsten meine Reaktion.

„Mammie! Ist doch nicht schlimm!“

„Nein, ist es auch nicht, nur etwas gewöhnungsbedürftig! Gar nicht so einfach, mit einem Schlag Abschied von seiner Jugend zu nehmen! Denn Rentner sein heißt für mich: mit leerem Blick aus dem Fenster gucken und warten, ob Besuch kommt.“

Die Kinder schütteln den Kopf. „Das war einmal! Heute sind Rentner topfit, machen Weltreisen und lernen Spanisch oder schaffen sich den neuesten PC an. Außerdem wollen wir, daß du deinen Enkeln noch Schwimmen beibringst und Latein, da waren wir immer schlecht!“

„Ich weiß, ich weiß es ja!“

Quellennachweis

Bonhoeffer Brevier, Hrsg. von Otto Dudzus,
Chr. Kaiser Verlag, München 1985 (S. 31, 43)
Oswald Chambers, Mein Äußerstes für sein Höchstes,
Berchtold Haller Verlag, Bern 1981 (S. 82, 92)
Erhart Kästner, Lerchenschule (S. 2), Kreta (S. 56 oben),
Ölberge (S. 56 unten), Insel Verlag, Frankfurt
Gertrud von le Fort, Aphorismen,
Ehrenwirth Verlag, München (S. 35)

Leseprobe aus dem neuen Buch von Hanna Ahrens

Dafür lohnt es sich zu leben

Im Gespräch mit Zeitgenossen

140 Seiten. Fester Einband.
Bestell-Nr. 3-7655-1610-4

Norbert Blüm
Das Gebet – eine Zone der Windstille

Fast zwei Monate hat es gedauert, bis – trotz freundlicher Bemühungen des Pressesprechers – ein Termin für das Interview mit Norbert Blüm gefunden wird. Heute also, 14.00 Uhr.
Der IC kommt pünktlich in Bonn an. Da es regnet und ich mich nicht auskenne, nehme ich ein Taxi: „Zum Arbeitsministerium, bitte!"

Ludger Reuber, der Pressesprecher, begrüßt mich und stellt mich – nach telefonischer Anmeldung – dem Minister vor. Es ist ja merkwürdig, Menschen, die man nur aus dem Fernsehen kennt, dann wirklich zu begegnen. Ich hatte mir vorgestellt, bei der Begrüßung zu sagen: „Guten Tag, Herr Minister, vielen Dank, daß Sie sich Zeit für ein Gespräch nehmen!" Aber als Norbert Blüm mir freundlich lächelnd von seinem Schreibtisch her entgegenkommt, sage ich: „Guten Tag, Herr Blüm!" und finde das angemessener.

Er holt seine Pfeife vom Schreibtisch: „Darf ich rauchen?" Wir setzen uns. Auf dem niedrigen Glastisch vor uns stehen Tee und Kaffee, aber ich komme gar nicht recht dazu, etwas zu trinken, weil ich zu sehr mit anderen Dingen beschäftigt bin, zum Beispiel mein sonst immer funktionierendes Aufnahmegerät auch heute zum Laufen zu bringen, was schließlich gelingt.

Die erste Frage, die zweite dann. Norbert Blüm sitzt in großer Ruhe da, heiter und gelassen, konzentriert bei Frage und Antwort.

Werden die dreißig Minuten – mühsam eingeplant – reichen? Aber manchmal ist die Zeit gnädig: Sie dehnt sich, und alles paßt hinein.

Herr Minister, eine halbe Stunde Zeit für ein Gespräch mitten in einem vollen Arbeitstag – ein Luxus und eine große Freundlichkeit! Wie halten Sie es überhaupt aus, einen so vollen Terminkalender zu haben?

Ja, das frag ich mich manchmal auch! Man muß ja achtgeben, daß man vor lauter Bäumen den Wald noch sieht. Die große Gefahr in meinem Beruf ist, daß man von einer Katastrophenmeldung zur nächsten gehetzt wird und dabei möglicherweise seine Sensibilität verliert. Der Mensch ist nur begrenzt leidensfähig, und ich sehe die Gefahr, daß man sich aus einer wirklichen Leidensfähigkeit befreit durch eine oberflächliche Betroffenheit, die nichts bewirkt, sondern nur Selbstbespiegelung ist. Meine Therapie dagegen: Man darf nicht nur Politik machen. Denn wer nur in seinem Fachbereich zu Hause ist, verliert sehr schnell den Überblick. Und Politik ist ja auch nicht alles.

Aber wie schaffen Sie es, neben der Politik noch Zeit und Kraft für andere Bereiche zu haben?

Eine Form ist – auch wenn's frömmlerisch klingt – das Gebet. Ich glaube, daß Gebet eine Möglichkeit ist, sich von einer Überfülle von Tageseindrücken zu befreien, sich in sich selbst zurückzuziehen und dennoch nicht bei sich selbst zu bleiben. Eine fast paradoxe Situation: Man kann nur außer sich geraten, wenn man weiß wie's innen in einem aussieht, sonst ist das Außersichgeraten auch nur eine Form von Selbstdarstellung.

Herr Blüm, ich habe Ihr Taschenbuch: „Dann will ich's mal probieren" mit Vergnügen und auch einigen Tränen gelesen. Da sagen Sie im Vorwort: „Ohne Sinn verhungert der Mensch, und unendlich scheint sein Erfindungsreichtum zu sein, sich seine Lebensziele selbst zu schaffen." War Politik immer Ihr Lebensziel, oder gab es auch andere Interessen?

Ich habe eigentlich gar nicht in die Politik gewollt. Ich habe nie so etwas wie eine Lebensplanung gehabt. Daß ich in die Politik geraten bin, war nicht das Ergebnis einer großen Entscheidung, sondern geschah schrittweise. Es begann mit der Jugendvertretung bei Opel, und in die bin ich eigentlich so gekommen, wie man als Pfadfinder ein Geländespiel betreibt. Aber als ich dort war, hab' ich gemerkt, daß man Verantwortung für andere doch nicht nur nach den Techniken eines Geländespiels wahrnehmen kann, sondern daß man sich politisch engagieren muß, wenn man was verändern will.

Um Veränderung geht es ja auch in dem gemeinsamen Wort der Kirchen („Für eine Zukunft in Solidarität und Gerechtigkeit"), wo es heißt, wichtig sei nicht nur eine neue Sozialstruktur, sondern Sozialkultur. Betont wird der Wert der Familie, sozialer Netzwerke, Nachbarschaftshilfe usw., um Vereinsamung und sozialer Kälte entgegenzutreten. Welche Erwartungen haben Sie in dieser Hinsicht an die Kirchen?

Es gab ja in der christlichen Sozialbewegung mal eine heiße Debatte – am Anfang dieses Jahrhunderts –, in welchen Schritten Reformen vorgenommen werden sollten: zuerst Gesinnungsreform und dann Zuständereform oder umgekehrt. Ich halte das für eine scholastische Frage. Eine Gesinnungsreform, die nicht auch Strukturen erreicht, verändert nichts. Eine Zuständereform, die nicht auch Gesinnungen verändert, bliebe ein kaltes Gebäude von Apparaturen. So perfekt ist kein Gesetzgeber, daß er mit Paragraphen die Welt in den Griff bekäme. Ich sage: Gott sei Dank ist es nicht so!

Je weniger Ethos, desto mehr Paragraphen braucht man. Das fängt – zum Beispiel – bei der Mißbrauchsbekämpfung an: Man kann polizeistaatlich dagegen kämpfen, dann muß hinter jedem ein Kontrolleur stehen. Oder man kann sich darauf verlassen, daß es doch Regeln des Anstands gibt, ethische Maximen, die man nicht alle in Gesetzesformen gießen kann und darf.

Und wie könnte – ganz konkret – der Beitrag der Kirchen aussehen?

Diese Symbiose herzustellen zwischen Gesinnung und Zuständen. Eine Kirche, die nur noch Sozialagentur ist, wäre eine unter vielen anderen Institutionen. Sie muß mehr bieten als Sozialberatung. Anderseits: Eine Kirche, die sich nur um den Himmel kümmert und nicht um die Erde, wäre eine Fluchtbewegung. Also muß sie beides leisten.

Wenn ich – was ich jeden Morgen im Bad tue – die Morgenandacht im Kirchenfunk höre, bin ich häufig sehr enttäuscht. Da kommt der liebe Gott selten vor! Das ist alles ganz trostreich und hilfreich und gutgemeint, aber das könnte auch im Frauenfunk oder Sozialfunk kommen. Wenn mir morgens um halb sieben eine Bibelstelle erklärt würde, hätte ich mehr davon, als wenn jemand aus christlicher Sicht über den Zustand der Arbeitslosenversicherung redet – die kenn' ich auch ohne Kirchenfunk. Kirche hat anderes und mehr zu sagen. Wenn sie es nicht tut, muß man sich nicht wundern, wenn Sekten und Esoteriker einen neuen Zulauf haben. Offenbar besetzen sie ein Feld, das von den Kirchen freigelassen wurde. Im 19. Jahrhundert war es umgekehrt: Da hat die Kirche dem Karl Marx die Welt überlassen und sich gewundert, daß sie zurückgedrängt wurde.

Jetzt könnte es ihr passieren, daß Antworten auf Sinnfragen von Pseudoreligionen gegeben werden. Wenn nun geradezu eine fundamentalistische Welle den Erdball umspült – im Islam und anderswo –, dann hat das etwas damit zu tun, daß unser westliches Zivilisationsprojekt offenbar nicht alle Fragen beantwortet. Merkwürdigerweise erhält dieser Fundamentalismus seinen Nachschub ja keineswegs aus den Elendsquartieren der Dritten Welt, sondern eher von einer naturwissenschaftlichen Intelligenz, die spürt, daß man mit der Einsteinschen Relativitätstheorie zwar viel erklären kann, aber eben nicht die Sinnfrage.

Herr Blüm, Sie strahlen Ruhe und Heiterkeit aus – wenn man Sie auf dem Bildschirm sieht und auch jetzt. Sie haben Humor. Wie ist das möglich bei einem so immensen Arbeitsprogramm?

Ich gestehe, daß Humor auch eine Art von Selbstschutz ist, der einen dazu erzieht, sich selbst nicht zu ernst zu nehmen. Menschen, die denken, sie seien wichtiger als der liebe Gott, kommen dann in große Erwartungszwänge. Was ich mache, sind alles vorletzte Dinge. Ich bin auch nicht sicher, ob ich immer recht habe. Also muß ich auch nicht so verzweifelt darum kämpfen, recht zu behalten. Ich muß mir zwar Mühe geben – aber es sind alles vorletzte Dinge, die wir tun.

Sie sind in bestimmten Phasen Ihres öffentlichen Wirkens auch angegriffen und verunglimpft worden. Und das geschieht bei Politikern immer wieder. Wie halten Sie das aus? Gewöhnt man sich daran?

Gewöhnen werde ich mich daran nicht. Aber wer sich nur auf Außensteuerung einläßt, verliert die Orientierung. Es ist doch so: An einem Tag bist du der Größte, am nächsten der Kleinste. Dafür gibt es ja ein noch krasseres Beispiel in der Bibel. Es ist nicht weit vom Jubel und „Hosianna" bis zum „Kreuzige ihn!" Man wird hin- und hergeschüttelt. Natürlich ist es wichtig, sehr gründlich zu überlegen – auch zusammen mit anderen –, was richtig und notwendig ist. Aber wenn man sich dann sicher ist, welcher Weg es sein soll, muß man auch marschieren. Die Frage heißt ja nicht: „Wie kommst du an?", sondern: „Ist das richtig, was du machst?" Nicht: „Wie hoch ist der Anteil an Zustimmung?" – natürlich muß man in einer Demokratie um Mehrheiten kämpfen –, sondern: „Kann ich verantworten, was ich tue?" Wer als erstes fragt: „Was kommt an?", der kann doch gleich bei Meinungsforschungsinstituten nachfragen und dann tun, was gerade Mehrheitsmeinung ist. Da würde sich die Politik selber abschaffen.

Herr Blüm, Sie sind Christ und gehen zur Kirche. Wie sind Sie dazu gekommen?

Die Kirchenmitgliedschaft gehört für mich zu dem, was mir vorgegeben ist. Ich habe mir meine Kirche nicht ausgesucht, aber ich bin da zu Hause. Man ist nicht nur dort zu Hause, wofür man sich entschieden hat. So wie ich selbst nicht das Ergebnis meiner Wahl bin: Ich habe mir weder meine Eltern ausgesucht, noch habe ich den Zeitpunkt meiner Geburt bestimmt. Auch den Tod entscheidet ein Mensch nur, wenn er Selbstmörder ist, sonst in der Regel nicht. Also sind die großen existentiellen Entscheidungen eigentlich nicht selbstgefällt. Wir bewegen uns in einem Feld von Vorgegebenheiten.

Das Christsein ist für Sie also die Basis, ein vorgegebener Lebenssinn?

Ja, ich glaube, daß man ohne Transzendenz nicht leben kann. Man muß über die eigene Existenz hinausdenken. Das kann ein Mensch auch in Selbsthilfe versuchen. Aber ich halte das für eine völlige Überforderung. Die FDP hat in ihrem Entwurf für ein neues Grundsatzprogramm den Satz stehen: „Seinen Sinn stiftet der einzelne Mensch selbst."* Das ist eine der ungeheuerlichsten Behauptungen, die ich je gelesen habe. Was haben die Menschen nicht schon alles für Sinn erklärt: die größten Verrücktheiten, selbst Verbrechen. Also, ich kann nur sagen: „Seid mal vorsichtig, Definitionen von Sinn in Heimarbeit herstellen zu wollen!"

Es gibt einen vorgegebenen Lebenssinn. Natürlich kann man sich gegen ihn entscheiden, diese Freiheit bleibt uns. Aber die Selbstschöpfung des Menschen ist eine große Hybris. Für mich gehört Kirche zu dem Vorgegebenen. Sie ist der Leib Christi, in den ich eingebunden bin, so wie das Evangelium nicht nur der einzelnen Seele gilt, sondern eine Botschaft für die Welt ist. Der

*Dieser Satz wurde inzwischen herausgenommen. (Anm. d. Hrsg.)

einzelne Mensch geht nicht unter, aber ist doch eingebunden in größere Zusammenhänge.

In Ihrem Taschenbuch kommen Sie auf das Sterben Ihres Vaters zu sprechen, der ganz kurz vor seinem Tod sagen konnte: „Es war alles sehr schön." Wie muß ein Mensch gelebt haben, um so sterben zu können?

Ja, das weiß ich auch nicht. Darüber denke ich auch nach. Denn der Satz – unter großen Schmerzen gesprochen – war kein theatralischer Satz. Die Todesstunde erlaubt diese Art von Verstellung nicht. Es war ein Satz in der entscheidendsten Phase des Lebens meines Vaters, und er hat große Authentizität und Wahrhaftigkeit. Wer so etwas sagen kann, ist eigentlich beneidenswert. Ich bin nicht sicher, ob ich einmal solch einen Satz sagen kann. Zu meinem geheimen Wissen – nein, besser: zu meinen Vermutungen – gehört merkwürdigerweise, daß Sterben immer etwas mit dem Leben zu tun hat. Die Menschen sterben so, wie sie gelebt haben. Von der Todesstunde kann man geradezu rückschließen auf das Leben. Meine Mutter ist wieder ganz anders gestorben, und auch das hat zu ihrem Leben gepaßt. Selbst tödliche Unfälle passen manchmal zu einem Leben, das anders war als das Leben eines Menschen, dessen Sterben sich über eine lange Zeit hinzieht.

Das Sterben ist ja die große Übung des Loslassens, und eine besitzfixierte Welt hat es mit dem Loslassen sehr schwer: Eltern können die Kinder nicht loslassen, Eigentümer nicht ihren Besitz, der Seniorchef nicht den Betrieb. Also: Wann muß man loslassen? Die Frage schließt ja nicht aus, daß man auch festhalten muß. Aber Loslassen ist – glaube ich – eine Übung, der man sich sein Leben lang unterziehen muß. Wann muß ich ein Amt aufgeben? Wann muß ich es verteidigen?

Ich hatte einen Kollegen, der lange Zeit krebskrank war. Kurz vor seinem Tod habe ich ihn gefragt: „Ist denn Sterben schwer für dich?" Er sagte: „Sterben eigentlich nicht, aber bis du mal soweit bist!"

Ich wußte genau, was er meinte, nämlich: Ich hatte in meinem Leben so viele Ziele. Aber bis man bereit ist zu sagen: Die gelten jetzt alle nicht mehr ... Wenn man das hinter sich hat, ist es nicht mehr schwer. Das Loslassen ist das Schwere . . .